Meine GLYX-Zahlen

- *Auf nichts verzichten, clever genießen*
- *Mit über 900 Lebensmitteln*
- *Mit der Carb-100-Formel finden Sie Ihre eigene Diät*

Vorwort

Für »Meine GLYX-Zahlen« haben wir das »GLYX-Prinzip« für Sie in Zahlen gefasst. Es gibt Menschen, die wollen zählen, kontrollieren, es genau wissen. Das weicht ein bisschen davon ab, wie wir uns die optimale Diät vorstellen: Simpel soll sie sein, ohne zu zählen. Diesen Grundsatz kennen Sie vielleicht schon vom Ampelprinzip in meinen anderen Büchern. Darum haben wir in diesem Kompass beides kombiniert. Schließlich gibt es nicht eine Diät für alle. Nur ein Prinzip sollten alle einhalten: Gesund sein – fürs Leben, schmecken und gute Laune schenken.

Eine gute Diät hält das Heißhunger- und Fettspeicherhormon Insulin in Schach – holt also aus der Kohlenhydratfalle heraus. Denn heute wissen wir: Nicht nur tierisches Fett macht dick, sondern vor allem das Mästen mit Kohlenhydraten, also ein Übermaß an Zucker und Stärke. Eine gute Diät dreht den Spieß um und fragt, was der Körper braucht. Denn nur wenn der Körper bekommt, was er braucht, lässt er los, was er nicht braucht: überflüssiges Fett. Ohne Jo-Jo-Effekt.

In den Tabellen finden Sie über 900 Lebensmittel mit ihrem Gehalt an Eiweiß, Fett, Ballaststoffen und Kohlenhydraten (Carbs) pro Portion – zudem bewertet mit dem Smiley: grün (gesund satt essen), gelb (in Maßen genießen), rot (in Miniportionen erlaubt). So können Sie sich schlank essend an die »grünen« Vertreter halten oder mit der Carb-100-Formel zählend den Pfunden zu Leibe rücken. Natürlich spielt der GLYX wieder eine Hauptrolle. Wer nach dem GLYX-Prinzip isst, nimmt ganz von alleine ab, ist fröhlicher, wacher, gesünder und voller Energie.

Marion Grillparzer

Inhalt

Die Carb-100-Formel

Mit diesem Kompass achten Sie auf ausreichend Eiweiß, wählen gesunde Fette, versorgen Ihren Körper mit genügend Nährstoffen und zählen (wenn Sie Lust haben) Carbs, sprich Kohlenhydrate.

➤ Zunächst nehmen Sie zwei Wochen lang 100 Carbs pro Tag zu sich. Das holt aus der Fettspeicher- und Heißhungerfalle und verhindert, dass Sie Muskeln abbauen.

➤ Simple Tricks helfen, dass sich eine Pizza-Orgie nicht auf die Hüften schlägt. Genug Vitalstoffe garantieren, dass Ihr Energiestoffwechsel in Richtung »schlank« läuft.

➤ Ab der dritten Woche stocken Sie auf 150 Carbs pro Tag auf. Dabei erhöhen Sie die Portionen mit grünen Carbs. Die sind GLYX-niedrig, locken also wenig vom Fettspeicher- und Heißhungerhormon Insulin.

Nur gucken – nicht zählen

Sie können es sich auch ganz einfach machen – und nicht zählen. Wählen Sie aus der Tabelle die Lebensmittel mit grünem Smiley. Aber achten Sie auf genug Eiweiß (mehr Seite 14).

Was heißt »low carb«?

Kohlenhydrate heißen auf Englisch »carbohydrates«, kurz »carbs«. »Low carb« bedeutet schlicht weniger Kohlenhydrate. Wir meinen nicht »no carb« – keine Kohlenhydrate: die Wurst ohne Brot, kaum Obst. Wir wissen, dass »low fat« nichts gebracht hat. Die Menschen sind nur dicker geworden – und kränker, weil sie mit Fett auch Eiweiß gemieden haben, wertvolle pflanzliche Öle und Fischfette. Darum heißt Low Carb hier: weniger Kohlenhydrate, aber genug von den richtigen – Natur-Carbs statt Industrie-Carbs, damit der Körper bekommt, was er braucht. Mit der Tabelle ab Seite 26 zählen Sie Carbs.

Achten Sie auf die »grünen« gesunden Vertreter (mit niedrigem GLYX).

Bösewicht Insulin

Zu viele falsche Kohlenhydrate locken das Blutzuckerhormon Insulin. Und das schickt die Fett abbauenden Enzyme zum Schlafen. Chemisch gesehen findet jetzt keine Lipolyse, zu Deutsch kein Fettabbau, statt. Solange Insulin im Blut schwimmt, kann der Körper also gar kein Fett abbauen – ein biochemisches Gesetz. Das können Sie mit den grünen Carbs vermeiden.

Warum Carbs meiden nichts bringt

Auch wenn No Carb gerade der letzte Schrei ist, aus der Low-Fat-Ära haben wir gelernt: Es ist dumm, einen Nährstoff zu meiden, es ist auch dumm Kohlenhydrate zu verteufeln, denn sie liefern:

- **Genuss:** Wem schmeckt Mozzarella mit Tomaten ohne ein Scheibchen Brot? Was wäre das Leben ohne ab und an ein Stückchen Schokolade oder Eis?
- **Brainpower:** Wenn das Gehirn nicht täglich seine 60 bis 100 Gramm Kohlenhydrate bekommt, baut der Körper wertvolle Muskelmasse in Zucker um. Studien belegen: Wer gänzlich auf Kohlenhydrate verzichtet, verliert an geistiger Leistungskraft.
- **Vitalstoffe:** Wer Kohlenhydrate verschmäht, ernährt sich einseitig. Die Zellen bekommen nicht alle Vitalstoffe, die in Korn und Früchten stecken. Das kann man zwei Wochen tun, aber nicht ein Leben lang.
- **Faser-Medizin:** Vollkorn, Obst und Gemüse enthalten wertvolle Ballaststoffe, die schlank halten und vor Herzinfarkt und Krebs schützen. Achten Sie auf 30 Gramm täglich (siehe Tabelle ab Seite 26).
- **Gute Laune:** Es lohnt sich, Eiweiß mit Kohlenhydraten zu kombinieren. Das macht über die Bildung von Nervenbotenstoffen glücklich. Also Fisch mit Wildreis, Garnelen mit Pasta, Quark mit Obst genießen.

Grundrezept für eine gute Diät

Der Körper schaltet auf Notprogramm, wenn ihm Nährstoffe fehlen. Er schraubt den Stoffwechsel herunter, und der Abnehmwillige nimmt schnell wieder zu, wiegt nach der Diät mehr als vorher. Wollen Sie langfristig abnehmen? Dann geben Sie dem Körper künftig, was er braucht: mehr Eiweiß (Fisch und Hüttenkäse), mehr Vitalstoffe (Obst und Gemüse), mehr lebenswichtige Fettsäuren (Nüsse und Olivenöl) – all die Kalorien, die gleichzeitig auch Vitalstoffe liefern. Treibstoff fürs Leben, für gute Laune, für Aktivität, für Lust – eben fürs Menschsein.

Das benötigt Ihr Körper

- **Bewegung:** Wenn Sie nicht bereit sind, sich zu bewegen, dann sollten Sie auch keine Diät machen.
- **Flüssigkeit:** Der Körper braucht nur Wasser, 2 bis 3 Liter täglich. Er braucht keine Softdrinks.
- **Eiweiß:** Eier, Geflügel, Fleisch, Fisch, Milch- oder Sojaprodukte (Tofu, Joghurt, Milch), Käse, Hülsenfrüchte, Nüsse, Gemüse.
- **Essentielle Fettsäuren:** Olivenöl, Rapsöl, Walnussöl, Leinöl, Fisch, Nüsse, Samen.
- **Mikronährstoffe:** Vitamine, Mineralien, Biostoffe aus Gemüse und Obst.
- **Ballaststoffe:** Sie stecken in Gemüse und Obst sowie in kleinen Portionen Vollkornprodukten.
- **Kohlenhydrate:** Davon braucht der Körper täglich 100 Gramm – fürs Gehirn, für die Nerven, für die gute Laune, für die Muskeln, wenn sie schnell Energie brauchen, und als Vitalstoff- und Ballaststofflieferant. Also Früchte, Hülsenfrüchte und Vollkornprodukte. Der Körper benötigt Natur-Carb (Low Carb), aber kein Industrie-Carb (High Carb) wie Cornflakes, Pommes, Weißbrot, Fruchtnektar, Kekse und Co.

Das braucht der Körper täglich

- 3 Liter Wasser und/oder ungesüßten Tee (0 Carbs)
- 1 Schüssel Salat (10 Carbs)
- 1 Glas Gemüsesaft (10 Carbs)
- 1 Portion gedünstetes Gemüse (10 Carbs)
- Gemüsestreifen, so viel Sie Lust haben (5 Carbs)
- 2 Esslöffel Oliven- oder Rapsöl, 1 Esslöffel Walnussöl (0 Carbs)
- 1 Teelöffel Leinöl (in Gemüsesaft, 0 Carbs)
- 20 bis 30 Gramm Nüsse (2 Carbs)
- 1 bis 2 Portionen Fisch, Geflügel, Wild, 1 Eier-, Tofu- oder Käsegericht (0 Carbs)
- 2 Portionen Milchprodukte (Quark, Joghurt, Buttermilch, Kefir, Hüttenkäse) oder alternativ ein Sojaprodukt: ungesüßten Sojadrink, Sojajoghurt (ca. 15 Carbs)
- 2 Portionen Obst (20 Carbs)
- 1 kleine Scheibe Vollkornbrot oder 3 Esslöffel Müsli ohne Zucker (15 Carbs)
- 1 Portion Vollkornnudeln (25 Carbs) oder 2 Kartöffelchen (15 Carbs)
- 1 Esslöffel geschroteten Leinsamen (0 Carbs)
- 1 Esslöffel Weizenkeime (3 Carbs)
- 1 Glas trockener Wein, wer mag (1 Carb)

Achten Sie wöchentlich auf 2 Portionen fetten Seefisch und 4 Portionen Hülsenfrüchte.

Das Sonderangebot

Mit etwa 100 Carbs bekommt der Körper, was er braucht. Nun das Sonderangebot: Carbs aus Gemüse und Milchprodukten (natur!) müssen Sie nicht mitzählen! Die haben einen extrem niedrigen GLYX und helfen beim Abnehmen und Gesundwerden. In der obigen Liste machen sie 50 Carbs aus. Damit dürfen Sie spielen und sich an anderer Stelle etwas gönnen, z. B. hier einen Löffel Honig, dort ein Stück Schokolade, hier die Portion Hülsenfrüchte und dort eine größere Portion Nudeln.

Wie man dick wird

Wer versteht wie man dick wird, erreicht auch, dass man wieder schlank wird. Carbs, also Kohlenhydrate, stecken in so unterschiedlichen Produkten wie Bananen und Schokolade, Baguette und Kartoffeln, Vollkornbrot und Marmelade, Ketchup und Torten, Bonbons und Hamburger, Pudding und Reis, Mais und Essiggurken. All diese Kohlenhydrate haben eines gemeinsam: Enzyme zerhacken sie im Darm zu Glukosemolekülen (Traubenzucker). Die schwimmen dann im Blut zu Muskeln, Gehirn und Nerven, um dort als Energie verbrannt zu werden, – oder zur Leber, um in Fett umgebaut zu werden, das auf den Hüften landet.

Carb-Nachschub sperrt das Fett ein

Wir können nur 500 Gramm Kohlenhydrate im Körper speichern, in Muskeln und Leber in Form von Glykogen. Aber wir können laut dem Guinnessbuch sagenhafte 450 Kilo Fett speichern! Darum lässt uns unser genetisches Programm niemals gleichzeitig Fett und Kohlenhydrate verbrennen. Das wäre im Grunde auch unsinnig, weil die Natur die beiden selten zusammenpackt. Sie hat die süße Frucht geschaffen für ein paar Kohlenhydrate am Morgen und den Wildbraten für ein bisschen Fett am Abend. Unser Körper verarbeitet immer zuerst den Zucker, das Brot, die Kartoffel und die Nudel. Derweilen warten die Butter, die Sauce und die Wurst in der Fettzelle auf der Hüfte darauf, dass keine Kohlenhydrate mehr da sind. Oft den ganzen Tag, weil ja immer wieder Nachschub kommt: der Fruchtnektar, die Banane, der Keks, die Cola, das Wurstbrot, das Bier …

Fatal: falsche Kohlenhydrate plus Fett

Doppelt dick macht, wenn man (die falschen roten Carbs in der Tabelle) Kohlenhydrate mit Fett kombiniert: das

Weißbrot mit Wurst, die Kartoffel mit Butter. Oder wenn diese Kombination schon im Produkt steckt, z. B. in der Pizza, der Schokolade, dem Keks, dem Riegel, dem Sahneeis, den Pommes, der Torte. Die Forschung spricht hier von »kohlenhydrat-induzierter Insulinmast«.
Das kann man ganz einfach ändern mit Bewegung, denn die verbrennt das Fett, und mit den guten, den grünen Carbs mit niedrigem GLYX. Dazu später.

Heißhungerfalle Unterzucker

Das kennen Sie: Etwa 2 Stunden nach dem Frühstück oder Mittagessen sind Sie müde bis lethargisch, nervös, zittrig, unkonzentriert – und Sie haben Heißhunger. Das passiert Ihnen nach einem Obstsalat oder einem Salat mit Thunfisch nicht, aber nach einem Marmeladenbrot, nach Braten mit Nudeln, nach Kartoffeln oder einer Pizza. Also nach einem Essen mit vielen Kohlenhydraten, die schnell vom Darm ins Blut dringen. Mit Nahrungsmitteln, die einen hohen glykämischen Index haben – einen hohen GLYX. Denn sie locken viel Insulin.
Was geschieht? Der Blutzucker steigt steil an, die Bauchspeicheldrüse schüttet viel Insulin aus, das Insulin schaufelt den Zucker aus dem Blut, der Blutzucker sinkt unter den Normalwert. Dem Gehirn geht der Zucker aus – und es zwingt Sie für Nachschub zu sorgen. Dieser Zwang ist stärker als Ihr Wille. Sie müssen einfach etwas essen. Das führt in die Kohlenhydratsucht und über die Insulinresistenz zum Diabetes. Aus diesem Kreislauf befreit Sie die Carb-100-Formel und das GLYX-Prinzip.

Das braucht der Körper nicht

Fertigprodukte, sprich Süß- und Zuckeraustauschstoffe, Geschmacksverstärker, künstliche Aromen – eine lange Zutatenliste auf dem Etikett. Das wächst nicht in der Natur, dafür haben wir kein genetisches Programm. Essen Sie zu 70 Prozent vom Tischleindeckdich der Natur, dann schaden 30 Prozent Genussmittel aus der Fabrik nicht.

GLYX – DARAUF KOMMT'S AN

Tröpfeln die Glukosemolekülchen langsam und kontinuierlich ins Blut, hält das lange satt – und es wird auch weniger Insulin gelockt. So gültig für die meisten Früchte, für Vollkornprodukte und Gemüse. Jedoch nicht gültig für Kartoffeln, Zucker, Weißmehl und Fruchtnektar. Die locken viel Insulin.
Dick machen also die Nahrungsmittel, die viel Insulin locken. Dieses Hormon der Bauchspeicheldrüse löst Heißhunger aus und blockiert den Fettabbau. Solche Nahrungsmittel besitzen einen hohen glykämischen Index, einen hohen GLYX.

Die GLYX-Zahlen

Lässt ein Lebensmittel den Blutzucker nur langsam und kontinuierlich ansteigen, lockt es also wenig Insulin. Das hält lange satt, macht zufrieden und schlank.
Bereits in den 1970er-Jahren teilte Dr. Jenkins Obst, Gemüse, Schokolade, Brötchen und Co. nach einer Werteskala von 1 bis 110 ein. Er empfahl seinen Patienten Lebensmittel mit einem niedrigen GLYX (Wert unter 55) – und siehe da, die Pfunde schmolzen nur so dahin. Diese Erfahrung machen viele Leser auch mit der GLYX-Diät. Ohne zu zählen essen sie einfach nur die Lebensmittel mit niedrigem GLYX – und bis zu 50 Kilos schwinden dahin.
Mittlerweile gibt es für viele Lebensmittel GLYX-Werte, die anzeigen, ob es dick macht oder nicht. Die exakten Werte finden Sie ab Seite 101. Zudem belegen viele Studien, wie gesund es ist, sich am GLYX zu orientieren. So beugt man Herzinfarkt, Diabetes und Krebs vor.
Je weniger ein Lebensmittel den Blutzucker in die Höhe treibt, je weniger Insulin es lockt, desto niedriger ist sein GLYX und umgekehrt. Dabei kommen »gesunde« Le-

bensmittel wie Knäckebrot, Kartoffeln, Bananen oder Cornflakes gar nicht gut weg. Dafür haben eiweißreiche Lebensmittel wie Fisch, Geflügel, Eier und Milchprodukte sehr niedrige GLYX-Werte.

Was ist eigentlich der GL?

In Zusammenhang mit dem glykämischen Index taucht oft auch der GL auf. GL ist die Abkürzung für »glycemic load« oder glykämische Ladung. Wissenschaftler berechnen ihn mit der Formel:
GL = GLYX × Kohlenhydrate der Portion : 100
Der GL verknüpft also den Kohlenhydratgehalt eines Nahrungsmittels pro Portion mit dem GLYX. Auch diesen Wert finden Sie ab Seite 101.

Carbs plus GLYX-Farbe

Es ist jedoch leichter mit Carbs und der GLYX-Farbe (rot, gelb, grün) zu arbeiten. Aus zwei Gründen: Erstens sagt der GL nicht aus, ob es sich um ein gesundes Lebensmittel handelt. So bekommen z. B. Cola und Fruchtsaft die gleiche »Note«. Zweitens gibt es nicht für alle Lebensmittel den GLYX oder eine exakte GLYX-Zahl, sie variiert häufig je nach Studie. Aber die Lebensmittel lassen sich nach ihrem GLYX einteilen in niedrig (grün), mittel (gelb) und hoch (rot). Das genügt völlig, denn wir kennen ihren Kohlenhydratgehalt. Darum finden Sie in der Tabelle Carbs mit Farben nach dem GLYX oder der Gesundheit bewertet. Und wer es genau wissen will, findet die exakten GLYX- und GL-Werte ab Seite 101.

Bereiten Sie sich vor

Sprechen Sie mit Ihrem Arzt bevor Sie mit einer Diät starten. Weihen Sie ihn in Ihre Pläne ein und fragen Sie nach einer sinnvollen Nahrungsergänzung. Und am besten machen Sie auch gleich noch einen Fitness-Check beim Sportmediziner.

Die GLYX-Carb-Regeln

Das Gehirn braucht etwa 100 Gramm Glukosemolekülchen. Die reichen aus, um nicht müde zu werden, leistungsfähig und gut gelaunt zu sein. Und die geben Sie ihm. Täglich. In gesunder Form (GLYX-niedrig, die grünen Carbs in der Tabelle), also als Gemüse, Obst und Vollkorn, aber auch mal als kleine Genussfreude: das Löffelchen Zucker im Kaffee, das Fruchtsorbet … So nehmen Sie erst einmal schnell ab. Dann finden Sie individuell für sich heraus, wie viele Kohlenhydrate Sie vertragen. Entweder um weiter abzunehmen, oder um nicht zuzunehmen. Sie bauen also mehr und mehr GLYX-niedrige (Carb-grüne) Lebensmittel in Ihr Leben ein. Und lernen ein Croissant als ein Croissant zu sehen, nicht als Katastrophe – und gleichen es mit kleinen Tricks wieder aus.

- **Carbs zählen:** Wir empfehlen morgens, mittags und abends je 30 Carbs. Mit weiteren 10 Carbs dürfen Sie spielen, sie z. B. als Nachtisch einsetzen, als kleines Extra zwischendurch, als Beilagen-Extraportion. Zwei Wochen lang tanken Sie so 100 Gramm Kohlenhydrate täglich – und erleben, wie Sie damit abnehmen. Dann können Sie die Portionen langsam mit gesunden Natur-Carbs erhöhen und testen, wie viele Carbs Sie vertragen, ohne zuzunehmen.

- **Carbs, die Sie nicht zählen sollten:** Stärkefreies Gemüse, also all das Gemüse, das weniger als 10 grüne Carbs pro Portion liefert. Zählen Sie die Carbs einfach nicht mit. Das bringt ein Mehr an Gesundheit und ein Weniger an Gewicht. Auch Milchprodukte-Carbs können Sie unter den Tisch fallen lassen – wenn es sich um ein Naturprodukt (ohne Zucker, Zuckeraustauschstoffe, Aromen, E-Nummern) handelt.

- **Dreimal am Tag essen reicht** – außer Sie sind hungrig. Dann wählen Sie etwas, das kaum Insulin lockt: einen grünen Vertreter aus der Tabelle, z. B. ein Glas Buttermilch, Gemüsestreifen, einen Apfel. Bleiben Sie unter 10 bis 20 grünen Carbs.

- **Strenger – oder lockerer?** Sie wollen anfangs schneller abnehmen? Dann können Sie, wenn Ihnen das vom Lust-&-Hunger-Prinzip her nichts ausmacht, auch mal eine No-Carb-Mahlzeit (unter 10 Carbs) einlegen. Das erhöht dem Körper die insulinfreie Zeit. Die Zeit, in der Fett abgebaut werden kann. Sie können die Diät auch insgesamt lockerer gestalten, indem Sie Ihr Carb-Konto auf 150 Carbs pro Tag aufstocken – auch das wirkt effizient. Probieren Sie aus, was Ihnen gut tut.
  Oder Sie lassen die Zählerei ganz und achten nur auf viele grüne Smileys. Gönnen Sie sich eine kleinere Portion von Gelb und genießen Sie ab und zu eine Miniportion von Rot.

- **Lust auf einen Berg Nudeln, Kartoffeln oder Brot?** Auch kein Problem. Dann machen Sie eine Carbszähl-ich-jetzt-nicht-Mahlzeit. Aber kombinieren Sie das nicht mit viel Fett. Essen Sie z. B. Spaghetti mit Tomatensauce oder Garnelen, Kartoffeln mit Quark.

- **Clever:** Oft ist eine Schoko- oder Pizza-Orgie der Grund dafür, gleich die ganze Diät abzubrechen. Völlig unnötig! So etwas kommt ja nicht jeden Tag vor. Sie können das mit der nächsten Mahlzeit locker wettmachen. Schieben Sie dann einfach ein No-Carb-Essen (unter 10 Carbs pro Mahlzeit) ein. Wenn Sie abends Fisch mit Gemüse essen (keine Carbs!) und erst beim Frühstück wieder mehr Carbs aufnehmen, hatte Ihr Körper vom Mittagessen bis zum Frühstück ganze 18 Stunden Zeit, um Fett abzubauen.

Noch drei Schlank-Formeln

Zum Einstieg nochmal die GLYX-Carb-100-Formel:

- Bei **Low Carb** bleiben Sie unter 30 (streng) bis 50 (locker) Carbs pro Mahlzeit. Dabei halten Sie sich vor allem an die GLYX-niedrigen Carbs (grün markiert in der Tabelle). »Grünes« Gemüse unter 10 Carbs müssen Sie nicht mitzählen, und auch Milchprodukte (natur!) dürfen unter den Tisch fallen.
- Bei **High Carb** kommen Sie über 50 Carbs pro Mahlzeit. Das ist nicht schlimm, wenn Sie dabei wenig tierisches Fett (Speck, Wurst, Sahnesauce) essen. Eine High-Carb-Fett-Mahlzeit können Sie ausgleichen, indem Sie als Nächstes eine No-Carb-Mahlzeit machen.
- Bei **No Carb** nehmen Sie unter 10 Carbs pro Mahlzeit zu sich. Sie essen z. B. einen großen Salat mit Fisch und einem kleinen Stück Brot.

Die Eiweiss-Formel

Um gesund und aktiv zu sein, benötigt der Mensch mindestens 1 Gramm Eiweiß pro Kilogramm Körpergewicht. Wer abnehmen will, viel Stress hat oder krank ist, braucht 1,5 Gramm bis manchmal sogar 2 Gramm pro Kilo Gewicht. Sonst nagt der Körper seine eigenen Muskeln an – ausgerechnet seine Fettverbrennungsöfchen.

Dreimal am Tag: Achten Sie darauf, dass Sie dreimal täglich eine Portion Eiweiß essen. Optimal ist es, wenn Sie das Eiweiß mit einer kleinen Menge Kohlenhydrate kombinieren, z. B. den Joghurt mit Obst, den Fisch mit Gemüse. Das dimmt den GLYX und macht fröhlich.

Gesunde Quellen: Eier, Fisch, qualitativ hochwertiges weißes Fleisch (Geflügel, Kalb, Kaninchen), Wild, Hülsenfrüchte, Soja, Nüsse, Milchprodukte. Wurst und Fleisch bitte nur in Maßen genießen.

Die Fett-Formel

Knauserei mit Fett mag die Zelle gar nicht. Dann gehen ihr nämlich bestimmte Fettsäuren aus und die Zellwände werden spröde. Spröde Hautzellen altern schneller, und spröde Gehirnzellen machen den Menschen dumm und depressiv. Spröde Zellen machen dick und krank, schneller alt und anfällig für Krebs. Was hält die Fettzellen geschmeidig? Was braucht der Körper also? Fettsäuren aus Fisch, kaltgepressten Pflanzenölen, Samen und Nüssen. Ihre essentiellen Fettsäuren halten jede Zelle jung und geschmeidig. Hier müssen Sie überhaupt nicht sparen. Denn Fett macht satt – und Gemüse, egal ob roh oder gekocht, schmeckt viel besser mit Olivenöl. Die meisten tierischen Fette (außer von Fisch) braucht der Körper nicht. Er braucht nur das Eiweiß. Und da gibt es die wunderbare Möglichkeit, einfach zur Magervariante zu greifen.

Die Fett-Formel ist einfach: Meiden Sie Fertigprodukte mit gehärteten Fetten und sparen Sie an tierischen Fetten, die Sie nicht brauchen: Sie können 100 Gramm Salami essen oder 1 Kilo Schinken ohne Fettrand – und nehmen gleich viel Fett auf.

- 30 bis 40 Gramm tierische Fette, zum Großteil aus Milchprodukten, schaden der Linie überhaupt nicht. 40 Gramm Fischfett pro Woche sind ein Muss. Auch die gesunden »grünen« pflanzlichen Öle brauchen Sie dringend. Da muss man Fettaugen nicht zählen.
- Picken Sie sich also aus der Tabelle die grünen Lieferanten heraus. Und genießen Sie die gelben und roten nur ab und zu in kleinen Mengen.
- Für Milch und Milchprodukte gilt: Hier können Sie, wenn Sie wollen, ein bisschen Fett sparen. Sie müssen aber nicht akribisch nur Harzer Käse essen – und auf die Sahne verzichten. Essen Sie das, was Ihnen schmeckt – und das tut der Magerjoghurt wirklich nicht. Die Vollmilch ist auch viel gesünder als die

entrahmte. Vom fetten Käse essen Sie einfach ein kleineres Stück – nicht unbedingt mit einem großen Stück Baguette. Wichtig: Eiweiß-Formel geht vor Fett-Formel. Also nicht an Quark, Joghurt und Co. sparen.

Die Trink-Formel

Die wichtigste Regel für jeden Abnehmwilligen lautet: Trinken, trinken, trinken. 3 Liter pro Tag. Jede Stunde ein Glas – am besten mit Zitronensaft. Wenn Sie das nicht tun, brauchen Sie mit dem Abnehmen gar nicht erst anzufangen. Denn fürs Trinken gilt das gleiche wie fürs Bewegen: Ohne passiert gar nichts. Warum Nichttrinken die Pölsterchen schont?

- Weil Appetit oft missverstandender Durst ist.
- Weil Trinken den Insulinspiegel normalisiert und so vor Gewichtszunahme und Diabetes schützt.
- Weil Trinken dem Körper beim Abbau der Stoffwechselprodukte, beim Entschlacken und beim Abnehmen hilft.
- Weil es den Stoffwechsel optimiert. So wird einfach mehr Fett verbrannt. Studien zeigen: Wer nicht genug trinkt, reduziert seinen Energiestoffwechsel um 3 bis 5 Prozent. Das macht einige Kilo Fett im Jahr.

Unter Trinken dürfen Sie natürlich nur Kalorienfreies, sprich Wasser und Tee, verstehen – nicht etwa Softdrinks, denn die sind eine wahre Katastrophe. Ein einziges 0,2-Liter-Glas Fruchtnektar, Limonade oder Cola enthält 25 Gramm Zucker. Macht aufs Jahr hochgerechnet: 25 × 365 Tage × 4,1 kcal = 32412,5 kcal oder 5,4 Kilo Fett. Ein einziges Glas pro Tag! Viele trinken eine ganze Flasche. Weglassen!
Begeistern Sie sich für Wasser – das funktioniert. Peppen Sie es auf mit einem Spritzer Zitronensaft, Acerola-Konzentrat oder Sanddorn-Muttersaft – alles gute Vitamin-C-Lieferanten.

Mit 15 Tipps zur Wunschfigur

Diese 15 Tipps führen Sie schlank und fit durch Ihr neues, fröhliches Leben.

1. Folgen Sie dem grünen Männchen
Halten Sie sich an Lebensmittel mit grünem Smiley.

2. Umgehen Sie GLYX-Schwergewichte
Rote Carbs sind purer Insulin-Produktionsstress für Ihre Bauchspeicheldrüse und Mastfutter für die Fettzellen.

3. Duo Infernale – rote Carbs plus Fett
Bei Braten mit Knödel lockt der Knödel das Insulin, und das Bratenfett landet sofort auf der Hüfte. Wer abnehmen will, sollte die fatale Kombi aus Fett und Zucker meiden. Also rote oder gelbe »Fit-Fette« nicht mit roten oder gelben »GLYX-Carbs« kombinieren.

4. Drei Mahlzeiten sind (oft) genug
Der Körper benötigt die insulinfreie Zeit, um Fett abzubauen. Wenn eine Zwischenmahlzeit sein muss, dann nur mit 10 bis 20 grünen Carbs.

5. Kombinieren Sie clever
Kombinieren Sie Lebensmittel mit gelben oder roten Carbs (z. B. Brot, Reis) mit einer doppelt so großen Portion grünen Carbs (z. B. Salat, Gemüse). Schon sinkt der GLYX der Mahlzeit. Den GLYX von Fruchtsäften halbieren Sie mit Mineralwasser, Buttermilch, Sojamilch oder Kefir.

6. Abends mal No Carb
Und die Fettpolster schmelzen im Schlaf. Wer abends nicht mehr als 10 grüne Carbs isst und sie mit Eiweiß kombiniert, lockt das Wachstumshormon, den Superfettverbrenner.

7. Das Eiweiß macht's

Eiweiß sollte bei keiner Mahlzeit fehlen. Zu wenig davon führt zu Muskelabbau und Jo-Jo-Effekt. Wechseln Sie häufig ihren Eiweißlieferanten. Eier, Fisch, Geflügel, Fleisch, Hülsenfrüchte, Tofu und Getreide liefern unterschiedliche Aminosäuren. Zapfen Sie auch die flüssigen Quellen an: Kefir, Molke, Soja- und Buttermilch (siehe ab Seite 92.

8. Plus Zitrone

Vitamin C aus Zitrusfrüchten bringt die Aminosäuren aus dem Eiweiß schneller in die Körperzellen. Beträufeln Sie z. B. Fisch mit Zitrone, wird er leichter verdaulich. Stillen Sie Ihren Durst mit Zitronenwasser.

9. Fisch fürs Glück – und die schlanke Linie

Essen Sie mindestens dreimal pro Woche Fisch, auch fetten Seefisch. Neben den Fatburnern Eiweiß und Jod liefert er wertvolle Omega-3-Fettsäuren. Sie mögen keinen Seefisch? Diese lebenswichtigen Fettsäuren gibt es auch als Kapseln.

10. Trinken Sie »Grün«

Erste Wahl sind Wasser, Tee und Gemüsesaft. Vorsicht mit nassen Kohlenhydraten in Fruchtnektar, Fruchtsaftgetränken, Soft- und Fitnessdrinks. Sie haben meist viele Carbs und einen hohen GLYX. Ohne Alkohol purzeln die Pfunde schneller. Aber ein Glas trockener Rot- oder Weißwein darf sein. Auch Kaffee ist erlaubt.

11. Süßen Sie mit der Natur

Süßen Sie mit Agavendicksaft, Akazienhonig, Ahornsirup und Apfeldicksaft. Aber verwenden Sie diese nur als »Gewürz«. Auch Obst und Trockenfrüchte bringen Süße ins Leben. Süßstoffe mögen ein Segen für Diabeteskranke sein, Gesunde brauchen ihn nicht. Ab und an ein Löffel Zucker im Kaffee schadet nicht.

12. Ölwechsel

Halten Sie sich ans grüne »Fit-Fett«. Der Körper braucht bestimmte einfach- und mehrfach ungesättigte Fettsäuren. Sie stecken in einigen Pflanzenölen, Nüssen und Fisch. Wählen Sie magere Vertreter von Fleisch und Co.

13. Denken Sie sich leicht

Die Waage verursacht oft schwere Gedanken. Und die drosseln den Stoffwechsel, die Pfunde kleben. Wiegen Sie sich nur einmal pro Woche und machen Sie sich stattdessen häufig leichte Gedanken. Wer sich leicht und beschwingt fühlt, bewegt sich mehr und kurbelt den Stoffwechsel an – so geht das Abnehmen (fast) wie von selbst.

14. Bewegen mit dem Minitrampolin

Keine Zeit, keinen Park in der Nähe oder andere Ausreden? Dann hilft Ihnen das Minitrampolin (siehe Kasten). Es steht zu Hause und lädt Sie täglich zu 20 Minuten Fettverbrennung ein. Das Trampolin ist gelenkschonend und effektiver als Joggen, Muskel- und Ausdauertraining zusammen. Draufsteigen, wippen, walken, joggen …

15. Schluss mit dem Zählen

Nach vier Wochen wissen Sie eine Menge über »gesunde« und »schlanke« Lebensmittel und haben gespürt, wie gut richtiges Essen tut. Jetzt müssen Sie nicht mehr zählen. Leben Sie einfach nach dem Ampelprinzip: Halten Sie sich an Grün, genießen Sie kleinere Mengen von Gelb und machen Sie aus Rot eine Miniportion.

FATBURNER-TRAMPOLIN

Sie suchen Dinge, die das Leben leichter machen? Dazu gehören ein Mixer für den Zellschutz-Cocktail, die GLYX-Getreidemühle, Flexbänder, Pulsuhr, Körperfettwaage – und ein Trampolin. Fidolino liefert all das nach Hause. Infos unter www.fidolino.com

So benutzen Sie den Kompass

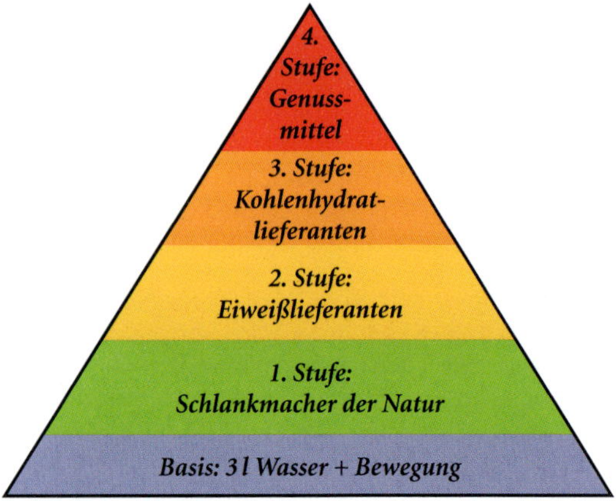

Die GLYX-Carb-Pyramide

Viele Ernährungsexperten vertreten mittlerweile folgende Meinung: Wer sich ein wenig am Steinzeitmenschen orientiert, nimmt automatisch ab, schützt sich vor Herz-Kreislauf-Krankheiten, Diabetes und Krebs. Der steinzeitliche Speisezettel sah natürlich ein bisschen anders aus. Seine moderne Form sind Ernährungspyramiden – und davon gibt es viele. Am anschaulichsten für die Praxis ist wohl die von Prof. Dr. David Ludwig von der Bostoner Harvard-Universität, in Deutschland leicht abgeändert verbreitet von Nicolai Worm. Sie bezieht den glykämischen Index mit ein und bildet die Grundlage für unsere Tabellen.

Basis: 3 Liter Wasser täglich. Dazu 30 Minuten Bewegung. Das sind die Grundlagen für ein gesundes, schlankes Leben.

Erste Stufe: In der untersten Etage finden Sie die **Schlankmacher der Natur:** Obst und Gemüse, zubereitet mit pflanzlichen Ölen.

- **Carb-Praxis-Tipp:** Gesund isst, wer drei Portionen Gemüse täglich zu sich nimmt und es mit Olivenöl, Rapsöl oder Nussölen zubereitet – und dazu zwei Portionen Obst.

Zweite Stufe: Eine Etage höher sind die **Eiweißlieferanten:** Hülsenfrüchte, Nüsse und Samen, Eier, Milch und Milchprodukte, hochwertiges Fleisch, Fisch und Meeresfrüchte sowie Geflügel.

- **Carb-Praxis-Tipp:** Optimal isst, wer diese Eiweißlieferanten täglich in moderaten Mengen und gesunder Abwechslung auf dem Teller hat. Ideal wären Geflügel, Fisch und Wild im Wechsel, nicht jeden Tag Fleisch. Täglich 20 bis 30 Gramm Nüsse oder Samen, mindestens ein Milchprodukt (besser als Milch) und eine Portion Hülsenfrüchte viermal in der Woche. Ein Ei pro Tag schadet niemandem. Rotes Fleisch (Rind, Schwein) gehört nur einmal pro Woche in die gesunde Pfanne.

Dritte Stufe: Hier stecken die **Kohlenhydratlieferanten:** Vollkornbrot, Nudeln, Reis, Weißmehlprodukte und Kartoffeln. In kleinen Portionen gehören auch hier die »grünen« Lebensmittel zum täglichen Brot. Die »roten« Vertreter (Weißmehl, Kartoffeln) gehören eigentlich schon zur vierten Stufe.

- **Carb-Praxis-Tipp:** Clever isst, wer hier in moderaten, aber gesunden Portionen zugreift. Vor einer Scheibe Vollkornbrot muss sich auch ein Abnehmwilliger nicht fürchten.

Vierte Stufe: An der Spitze finden Sie Stärke- und Zuckerreiches, oft auch in Kombination mit Fett, sowie tierische Fette – **die Genussmittel** (meist aus der Fabrik).

➤ **Carb-Praxis-Tipp:** Genießen Sie diese nur gelegentlich und nur in kleinen Mengen.

Extra Getränke: Auch hier finden Sie Carb-Fallen. Halten Sie sich an die grünen Wässerchen.

Die Tabelle: Carbs – und mehr

Die Tabelle enthält mehr als 900 Lebensmittel. Um die Suche zu erleichtern, sind sie nach Lebensmittelgruppen geordnet und innerhalb der Gruppen alphabetisch sortiert. Zusätzlich finden Sie die Portionsgrößen – in Gramm sowie in anschaulichen Mengen – und den Gehalt an Eiweiß, Fett, Ballaststoffen und GLYX-Carbs.

1. Stufe: Schlankmacher der Natur

Lebensmittel	Portion	in g/ml	Eiweiß in g	Fit-Fett in g	Ballaststoffe in g	GLYX-Carbs
Kürbis, süßsauer	3 EL	40	0,1	0	**	10
Linsen-Grünkern-Pastete (Bio)	1 EL	15	0,9	1	**	3
Minestrone mit Speck	1 großer Teller	400	13	21	7	20
Minestrone ohne Speck	1 großer Teller	400	4	8	10	20
Nasi Goreng	1 großer Teller	250	16	16	1	45
Nizza-Salat mit Thunfisch	1 große Schüssel	350	16	19	7	15
Pesto, selbst gemacht	1 EL	15	0,9	4	**	1
Pickles, süßsauer	3 EL	40	0,5	0,2	0,5	2
Quorn (Fleischersatz aus Pilzeiweiß)	2 Filets	100	13	2	5	5
Rahmspinat (TK)	1/2 Packung	150	5	6	**	5
Pilze		Bringen Genuss und Eiweiß in Pasta und Salat				
Austernpilze	1 Schale (250g)	200	5	0	12	5
Birkenpilze	1 Schale (250g)	200	6	1	15	0
Butterpilze	1 Schale (250g)	200	3	0,8	12	1
Champignons	1 Schale (250g)	200	5	0,8	4	2
Egerlinge	1 Schale (250g)	200	5	0,8	4	2
Hallimasch	1 Schale (250g)	200	4	2	15	0
Morcheln, getrocknet	2 EL	10	1	0,3	6	0
Pfifferlinge	1/2 Schale (125g)	100	2	0,7	6	0
Pilze getrocknet, i. D.	2 EL	10	4	0,3	3	1
Reizker	1 Schale (250g)	200	4	1	14	0
Rotkappen	1 Schale (250g)	200	3	2	9	1
Shiitake	1/2 Schale (125g)	100	2	0,2	2	10
Steinpilze	1/2 Schale (125g)	100	4	0,4	7	1
Trüffeln	1 Miniportion	2	0,1	0	0,3	0
Pflanzliche Fette & Öle		Grün heißt: Bonuspunkt auf dem Gesundheitskonto				
Backfett, pflanzlich	1 EL	15	0	15	0	0
Distelöl (Safloröl)	1 EL	8	0	8	0	0

Smiley-Info auf einen Blick

Jedes Lebensmittel besitzt einen Smiley. An ihm können Sie sich auch gut orientieren, wenn Sie keine Carbs zählen wollen.

- Von allen Lebensmitteln mit dem grünen Smiley dürfen Sie essen, so viel Sie wollen. Sie sind gesund. Der GLYX ist niedrig, der Carb-Gehalt moderat. Sie enthalten wenig Fett und/oder gesunde Fettsäuren.
- Die Lebensmittel mit dem gelben Smiley dürfen Sie auch genießen – in Maßen.
- Der rote Smiley schlägt mit vielen Kohlenhydraten zu oder mit der Kombi aus vielen Carbs plus Fett. Davon sollten Sie, wenn möglich, die erste Zeit die Finger lassen oder vielleicht nur eine Supermini-Portion essen. War der rote Smiley mal stärker als Ihr Wille, gleichen Sie das einfach mit der nächsten Mahlzeit wieder aus.

Das Ampelprinzip: »Fit-Fett« und »GLYX-Carbs«

Damit Sie auf einen Blick erkennen, ob ein Lebensmittel mager ist oder gesunde Fette enthält, haben wir das »Fit-Fett« bewertet mit:

- **Rot** – möglichst meiden: liefert reichlich gesättigtes Fett oder ungesunde Arachidonsäure
- **Gelb** – in kleinen Portionen genießen: Fettsäurezusammensetzung nicht optimal oder mittlerer Fettgehalt
- **Grün** – tut dem Körper gut: wenig Fett oder optimale Fettsäurezusammensetzung

Genauso sind wir bei den »GLYX-Carbs« vorgegangen:

- **Rot** – GLYX-hoch oder viele Industrie-Carbs: lockt in die Heißhunger- und Fettspeicherfalle
- **Gelb** – mittlerer GLYX: in Maßen genießen, nicht mit Fett kombinieren
- **Grün** – GLYX-niedrig: das mag Ihr Körper, das braucht er

Die Tabellen

Lebensmitteltabelle

Kleine Tabelleninfo

Bei jedem Lebensmittel finden Sie die Portiongröße in Gramm. Also das, was auf Ihrem Teller und in Ihrem Bauch landet. Wenn nötig, z. B. bei Fisch, geben wir auch noch das Einkaufsgewicht an, z. B. 1 Forelle (350 g). Davon landen dann 180 Gramm im Magen. Sicher wiegt ein Schnitzel nicht immer 180 Gramm. Wir haben vor Ort im Supermarkt, im Gasthaus, beim Metzger, beim Fischer und beim Gemüsehändler recherchiert, um die Gewichtsangaben möglichst verbrauchernah zu gestalten. In den üblichen Lebensmitteltabellen steht meist etwas anderes. Die Nährwerte für Eiweiß, Fett und Carbs haben wir gerundet, um Ihnen den Umgang damit zu erleichtern. Nur Werte unter 1 wurden nicht gerundet.

1. Stufe: Schlankmacher der Natur

Lebensmittel	Portion
Süße und saure Früchte	
Ananas	3 Scheiben
Ananas (Konserve), gezuckert	2 Scheiben
Apfel	1 kleiner
Apfel, getrocknet	5 Ringe
Apfelkompott (-mus), gezuckert	1 Dessertschale
Apfelkompott (-mus), ungesüßt	1 Dessertschale
Aprikose	2 mittelgroße
Aprikose, getrocknet	3 Stück
Banane, etwas grün	1 kleine
Banane, getrocknet	10 Chips
Banane, reif	1 kleine
Birne	1 kleine
Birne (Glas) mit Süßstoff	4 halbe
Brombeeren	1 kleine Schale
Cherimoya (Anone)	1 halbe kleine
Datteln, getrocknet	3 Stück
Erdbeeren	1 Schale
Feige	2 mittelgroße
Feige, getrocknet	2 Stück
Granatapfel	1 kleiner
Grapefruit	1 kleine
Guave	1 mittelgroße
Hagebutten	1 kleine Schale
Heidelbeeren	1 kleine Schale
Himbeeren	1 kleine Schale
Holunderbeeren	1 kleine Schale

in g/ml	Eiweiß in g	Fit-Fett in g	Ballaststoffe in g	GLYX-Carbs
Essen Sie zwei Portionen pro Tag und lassen Sie Grün den Vortritt.				
125	0,6	0,3	2	15
100	0,4	0,1	1	20
100	0,3	0,4	2	10
25	0,4	0,4	3	15
125	0,3	0,1	2	25
125	0,4	0,1	2	15
50	0,4	0,1	0,9	4
25	1	0,4	3	10
100	1	0,2	2	20
15	0,5	0,3	1	10
100	1	0,2	2	20
100	0,7	0,4	3	10
200	0,4	0,3	**	15
125	2	0,4	8	5
125	2	0,4	9	15
25	0,5	0,1	2	15
250	2	1	5	10
100	1	0,5	2	15
40	2	0,9	4	25
125	0,9	0,8	3	20
250	2	0,2	2	20
125	1	0,6	7	10
125	5	0	8	25
125	0,8	0,8	6	10
125	2	0,4	8	4
125	3	0,6	5	10

*** keine Nährstoffangaben vorhanden*

1. Stufe: Schlankmacher der Natur

Lebensmittel	Portion
Honigmelone	2 Spalten
Johannisbeeren, rot	1 kleine Schale
Johannisbeeren, schwarz	1 kleine Schale
Kaki	1 halbe
Kaktusfeige	1 mittelgroße
Kirschen, sauer	1 kleine Schale
Kirschen, süß	1 kleine Schale
Kiwi	1 große
Limette	1 halbe
Litschis (Konserve)	10 Stück
Mandarine	1 kleine
Mango	1 halbe
Mirabellen	10 Stück
Nektarine	1 mittelgroße
Obstcocktail (Konserve, gesüßt)	1 Dessertschale
Orange	1 mittelgroße
Papaya	$^1/_2$ kleine
Passionsfrucht (Maracuja)	1 Stück
Pfirsich	1 mittelgroßer
Pflaumen	3 Stück
Pflaumen, getrocknet	4 Stück
Preiselbeeren (Kronsbeeren)	1 kleine Schale
Preiselbeeren, gesüßt (Glas)	3 EL
Quitte	1 mittelgroße
Reineclauden	2 mittelgroße
Rhabarber	1 kleine Stange
Rosinen	2 TL
Sanddornbeeren	1 kleine Schale
Stachelbeeren	1 kleine Schale

in g/ml	Eiweiß in g	Fit-Fett in g	Ballaststoffe in g	GLYX-Carbs
125	1	0,1	1	15
125	1	0,3	9	10
125	2	0,3	9	15
125	0,8	0,4	4	20
125	1	1	2	10
125	1	0,6	1	10
125	1	0,4	2	15
100	1	0,6	4	10
30	0,1	0,7	0,3	1
125	1	0,4	2	20
50	0,4	0,2	0,9	5
125	0,8	0,6	2	15
100	0,7	0,2	2	15
125	1	0,1	3	15
125	0,4	0,1	1	30
150	2	0,3	3	10
125	0,7	0,1	3	3
50	1	0,2	0,8	5
125	1	0,1	2	10
100	0,6	0,2	2	10
25	0,8	0,3	2	15
125	0,4	0,5	4	10
50	0	0,2	6	25
150	0,6	0,8	9	10
125	1	0,1	3	15
150	0,9	0,2	3	2
15	0,4	0,1	0,5	10
125	2	9	4	5
125	1	0,3	4	10

1. Stufe: Schlankmacher der Natur

Lebensmittel	Portion
Wassermelone	1 Spalte
Weintrauben, blau	1 kleine Rispe
Weintrauben, grün	1 kleine Rispe
Zitrone	1 halbe
Zwetschgen	8 Stück
Gemüse	
Algenflocken, getrocknet	3 EL
Artischocke	1 große
Aubergine	$^{1}/_{2}$ mittelgroße
Avocado	1 mittelgroße
Bleichsellerie (Stangen-, Staudensellerie)	3 Stangen
Blumenkohl	$^{1}/_{4}$ kleiner Kopf
Brennnesseln	1 Hand voll
Brokkoli	1 kleiner Strunk
Brunnenkresse	2 Hand voll
Chicorée	1 Kolben
Chinakohl	$^{1}/_{4}$ Kopf
Eisbergsalat	$^{1}/_{4}$ kleiner Kopf
Endiviensalat	3 große Blätter
Feldsalat	2 Hände voll
Fenchel	1 große Knolle
Frühlingszwiebeln	1 Bund
Gartenkresse	1 EL
Grünkohl (Braunkohl)	$^{1}/_{4}$ Kopf
Ingwerwurzel	1 kleines Stück
Kapern, eingelegt	1 EL
Knoblauch	1 kleine Zehe
Knollensellerie	$^{1}/_{4}$ kleine Knolle

in g/ml	Eiweiß in g	Fit-Fett in g	Ballaststoffe in g	GLYX-Carbs
125	0,8	0,3	0,3	10
125	0,9	0,4	2	20
125	0,9	0,4	2	20
30	0,2	0,2	1	1
100	0,6	0,2	2	10
Die grünen Vertreter gibt's zum Null-Carb-Tarif				
30	2	0,1	0	1
150	4	0,2	16	4
150	2	0,2	4	4
200	4	47	13	1
150	2	0,3	4	3
150	4	0,4	4	4
30	2	0	1	2
150	5	0,3	5	4
60	1	0	2	1
150	2	0,3	2	3
150	2	0,5	3	2
100	1	0,2	2	2
75	1	0,2	0,9	0
75	1	0,2	1	1
150	4	0,5	6	4
150	3	0,8	2	5
5	0,2	0	0,2	0
150	6	1	6	4
10	0,2	0	0	1
10	0,4	0	0	0
2	0,1	0	0	1
150	3	0,5	6	3

1. Stufe: Schlankmacher der Natur

	Lebensmittel	Portion
🙂	Kohlrabi	1 kleine Knolle
😐	Kohlrübe (Steckrübe)	1/4 Knolle
🙂	Kopfsalat	5 große Blätter
🙂	Küchenkräuter, frisch	1 EL
😐	Kürbis	1 Scheibe
🙂	Löwenzahn	2 Hand voll
😐	Mais (Konserve)	1 EL
🙂	Mangold	1 kleine Staude
🙁	Maniok (Cassava)	1 kleines Stück
🙂	Meerrettich, gerieben	1 TL
😐	Möhren (Karotten), gegart	2 mittelgroße
🙂	Möhren (Karotten), roh	2 mittelgroße
🙂	Okraschoten	1 kleine Schale
🙂	Oliven, grün, mariniert	6 Stück
🙂	Oliven, schwarz, mariniert	8 Stück
🙂	Pak Choy	1/2 kleine Staude
🙂	Palmenherz (Konserve)	1 kleiner Teller
🙂	Paprika, grün	1 mittelgroße
🙂	Paprika, rot	1 mittelgroße
😐	Pastinaken	4 Stück
🙂	Petersilienwurzel	2 kleine Wurzeln
🙂	Porree (Lauch)	1 dünne Stange
🙂	Portulak	2 Hand voll
🙂	Radicchio	1 kleiner Kopf
🙂	Radieschen	1 Bund
🙂	Rettich	1/2 Stück
🙂	Rosenkohl	10 Stück
😐	Rote Bete	1 kleine Knolle
🙂	Rotkohl	1/4 kleiner Kopf

in g/ml	Eiweiß in g	Fit-Fett in g	Ballaststoffe in g	GLYX-Carbs
150	3	0,2	2	5
150	2	0,2	4	5
50	0,6	0,1	0,8	1
10	0	0	1	1
200	3	0,4	2	10
50	2	0,4	2	5
15	0,5	0,2	0,5	3
200	4	0,6	9	1
200	2	0,5	6	65
5	0,1	0	0,4	1
150	0,9	0,4	4	10
150	0,9	0,4	4	10
150	3	0,3	8	3
30	0,5	4	0,7	1
30	0,4	4	0,5	1
150	2	0,5	3	2
150	4	0,1	6	10
150	2	0,7	5	5
150	2	0,7	5	10
200	3	0,7	8	5
100	3	0,5	4	5
150	3	0,5	3	5
60	0,4	0,2	2	2
80	1	0,2	1	2
100	1	0,1	2	2
150	2	0,2	4	3
150	7	0,4	7	5
150	2	0,1	4	10
150	2	0,2	4	5

1. Stufe: Schlankmacher der Natur

Lebensmittel	Portion
Rucola	2 Hand voll
Salatgurke	$^{1}/_{2}$ kleine
Sauerampfer	2 Hand voll
Sauerkraut, abgetropft	1 kleiner Teller
Spargel	1 Pfund
Spinat	1 kleiner Beutel
Süßkartoffel (Batate)	1 mittelgroße
Tomaten	2 Stück
Weiße Rübe (Navet)	1 Knolle
Weißkohl	$^{1}/_{8}$ Kopf
Wirsing	$^{1}/_{4}$ Kopf
Yamswurzel	1 halbe Knolle
Zucchini	1 kleine Frucht
Zwiebel	1 kleine
Gemüse, allerlei	
Bärlauchaufstrich (Bio)	2 EL
Essiggurken (Glas)	2 mittelgroße
Frühlingsrolle, vegetarisch (TK)	1 Stück
Gazpacho	1 großer Teller
Gemüsebolognese (Bio, Glas)	6 EL
Gemüsebratling	1 Stück
Gemüsebrühe, Instant	1 Brühwürfel
Gemüsecremesuppe, Instant	für 250 ml
Gemüsecremesuppe, selbst gemacht	1 großer Teller
Gemüseeintopf, selbst gemacht	1 großer Teller
Gemüsemischung (TK)	1 großer Teller
Italienische Vorspeisen	1 kleiner Teller
Kohlsuppe, Magische, selbst gemacht	1 großer Teller
Kohlsuppe (Konserve, Magic Soup)	1 Dose

in g/ml	Eiweiß in g	Fit-Fett in g	Ballaststoffe in g	GLYX-Carbs
60	2	0,4	1	1
150	0,9	0,3	0,8	3
60	1	0,2	1	1
150	2	0,4	3	4
350	7	0,5	5	5
150	4	0,2	4	1
150	2	0,9	5	35
150	1	0,4	1	4
100	1	0,2	4	5
150	2	0,3	4	5
150	5	0,5	4	4
150	3	0,2	8	35
150	2	0,6	2	3
50	0,7	0,2	0,8	2
Auch TK-Gemüse ist gesund – und schon geputzt				
25	2	9	1	2
50	0,4	0,1	1	3
150	8	11	3	25
250	1	4	1	5
100	2	1	**	3
100	11	6	**	15
10	2	2	0,7	2
18	2	2	**	10
250	3	4	2	10
350	4	9	5	15
200	6	0,6	**	10
150	1	11	**	10
400	4	4	10	10
390	4	0,8	**	10

*** keine Nährstoffangaben vorhanden*

1. Stufe: Schlankmacher der Natur

Lebensmittel	Portion
Kürbis, süßsauer	3 EL
Linsen-Grünkern-Pastete (Bio)	1 EL
Minestrone mit Speck	1 großer Teller
Minestrone ohne Speck	1 großer Teller
Nasi Goreng	1 großer Teller
Nizza-Salat mit Thunfisch	1 große Schüssel
Pesto, selbst gemacht	1 EL
Pickles, süßsauer	3 EL
Quorn (Fleischersatz aus Pilzeiweiß)	2 Filets
Rahmspinat (TK)	1/2 Packung
Pilze	
Austernpilze	1 Schale (250 g)
Birkenpilze	1 Schale (250 g)
Butterpilze	1 Schale (250 g)
Champignons	1 Schale (250 g)
Egerlinge	1 Schale (250 g)
Hallimasch	1 Schale (250 g)
Morcheln, getrocknet	2 EL
Pfifferlinge	1/2 Schale (125 g)
Pilze getrocknet, i. D.	2 EL
Reizker	1 Schale (250 g)
Rotkappen	1 Schale (250 g)
Shiitake	1/2 Schale (125 g)
Steinpilze	1/2 Schale (125 g)
Trüffeln	1 Miniportion
Pflanzliche Fette & Öle	
Backfett, pflanzlich	1 EL
Distelöl (Safloröl)	1 EL
Erdnussöl	1 EL

in g/ml	Eiweiß in g	Fit-Fett in g	Ballaststoffe in g	GLYX-Carbs
40	0,1	0	**	10
15	0,9	1	**	3
400	13	21	7	20
400	4	8	10	20
250	16	16	1	45
350	16	19	7	15
15	0,9	4	**	1
40	0,5	0,2	0,5	2
100	13	2	5	5
150	5	6	**	5
Bringen Genuss und Eiweiß in Pasta und Salat				
200	5	0	12	5
200	6	1	15	0
200	3	0,8	12	1
200	5	0,8	4	2
200	5	0,8	4	2
200	4	2	15	0
10	1	0,3	6	0
100	2	0,7	6	0
10	4	0,3	3	1
200	4	1	14	0
200	3	2	9	1
100	2	0,2	2	10
100	4	0,4	7	1
2	0,1	0	0,3	0
Grün heißt: Bonuspunkt auf dem Gesundheitskonto				
15	0	15	0	0
8	0	8	0	0
8	0	8	0	0

*** keine Nährstoffangaben vorhanden*

1. Stufe: Schlankmacher der Natur

Lebensmittel	Portion
Frittierfett	1 EL
Haselnussöl	1 EL
Kokosfett	1 EL
Kürbiskernöl	1 EL
Leinöl	1 TL
Maiskeimöl	1 EL
Mandelöl	1 EL
Margarine, gehärtet	1 EL
Margarine, halbfett	1 EL
Margarine, Diät, hochwertig	1 EL
Olivenöl	1 EL
Palmkernfett	1 EL
Palmöl	1 EL
Rapsöl	1 EL
Sesamöl	1 EL
Sojaöl	1 EL
Sonnenblumenöl	1 EL
Traubenkernöl	1 EL
Walnussöl	1 EL
Weizenkeimöl	1 EL

in g/ml	Eiweiß in g	Fit-Fett in g	Ballaststoffe in g	GLYX-Carbs
15	0	15	0	0
8	0	8	0	0
10	0,2	10	0	0
8	0	8	0	0
5	0	5	0	0
8	0	8	0	0
8	0	8	0	0
15	0	12	0	0
15	0	6	**	1
15	0	12	**	0
8	0	8	0	0
15	0	15	0	0
8	0	8	0	0
8	0	8	0	0
8	0	8	0	0
8	0	8	0	0
8	0	8	0	0
8	0	8	0	0
8	0	8	0	0
8	0	8	0	0

*** keine Nährstoffangaben vorhanden*

2. Stufe: Eiweißlieferanten

	Lebensmittel	Portion
	Hülsenfrüchte & Sprossen	
🙂	Alfalfa- (Luzerne)sprossen	1 Hand voll
🙂	Bambussprossen (Konserve)	1 Stück
😐	Bohnen, gebacken in Tomatensauce	1 kleiner Teller
🙂	Bohnen, grün, gegart	1 kleiner Teller
🙂	Bohnenkerne, weiß (Konserve)	1/2 kleine Dose
😐	Erbsen, grün (TK), gegart	1 kleiner Teller
🙂	Getreidesprossen	1 Hand voll
☹	Hülsenfruchtgerichte Eintöpfe & Suppen (Konserve)	1 großer Teller
🙂	Kichererbsen (Konserve)	1/2 kleine Dose
🙂	Kichererbsen, getrocknet	2 Hand voll (40 g)
🙂	Kichererbsensprossen	1 Hand voll
😐	Kidney-Bohnen (Konserve)	1/2 kleine Dose
🙂	Kidney-Bohnen, getrocknet	2 Hand voll (40 g)
🙂	Limabohnen, getrocknet	2 Hand voll (40 g)
😐	Linsen (Konserve)	1/2 kleine Dose
🙂	Linsen, getrocknet	2 Hand voll (40 g)
🙂	Linsensprossen	1 Hand voll
🙂	Mungbohnen, getrocknet	2 Hand voll (40 g)
🙂	Mungbohnensprossen	1 Hand voll
😐	Saubohnen, getrocknet	2 Hand voll (40 g)
🙂	Sojabohnen, getrocknet	2 Hand voll (40 g)
🙂	Sojasprossen	1 kleine Hand voll
😐	Zuckererbsen (Zuckerschoten)	1 kleine Schale
	Sojaprodukte	
🙂	Misopaste	1 TL
😐	Misosuppe mit 3 EL weißem Reis (roh)	1 Teller
🙂	Soja-Bolognese (Glas)	3 EL

in g/ml	Eiweiß in g	Fit-Fett in g	Ballaststoffe in g	GLYX-Carbs
Linsen & Co viermal pro Woche, Sprossen täglich genießen				
30	1	0,4	0,6	1
75	2	0,2	2	1
125	5	0,5	**	15
125	3	0,3	4	4
125	11	1	9	20
125	7	0,5	4	15
30	0,9	0,3	1	4
400	13	10	8	25
125	9	3	6	20
120	9	3	6	20
30	2	0	0,8	1
125	7	0,4	7	10
120	7	0,4	7	10
120	4	0,3	4	15
125	7	0,4	3	15
120	11	0,7	5	25
30	3	0,2	1	5
120	9	0,5	6	15
30	1	0	2	1
125	9	0,6	4	15
120	15	7	4	10
30	2	0	1	2
125	5	0,3	6	15
Bringen Abwechslung ins Eiweißangebot				
10	1	1	1	1
200	4	1	2	20
50	8	4	6	25

** *keine Nährstoffangaben vorhanden*

2. Stufe: Eiweißlieferanten

	Lebensmittel	Portion
🙂	Sojabratlinge	2 Stück
😐	Sojacreme, mit Sonnenblumenöl	1 EL
😐	Sojadesserts i. D.	1 Becher
🙂	Sojadrink, natur	1 Glas
🙂	Sojadrink mit Frucht (Bio)	1 Glas
🙂	Sojajoghurt, natur	1 Becher
😐	Sojajoghurt, Früchte	1 Becher
🙂	Sojamehl vollfett	1 EL
🙂	Sojapaste (Tofu-Aufstrich)	1 EL
🙂	Sojaschnetzel	2 EL
🙂	Sojaschrot	1 EL
😐	Sojasauce	1 TL
🙂	Sojasauce (Shoyu/Tamari, Bio)	1 TL
🙂	Tempeh	4 Scheiben
🙂	Tofu natur	$^1/_2$ Stück
🙂	Tofu mit Mandeln und Nüssen	$^1/_2$ Stück
🙂	Tofu-Würstchen (Konserve)	1 Paar
Nüsse & Samen		
🙂	Bucheckern	1 kleine Hand voll
🙂	Cashewnüsse	1 kleine Hand voll ca. 10 Stück
😐	Edelkastanien (Maronen), geröstet	6 Stück
🙂	Erdnüsse	1 kleine Hand voll
🙂	Haselnüsse	1 Hand voll ca. 15 Stück
🙂	Kokosmilch, ungesüßt (Konserve)	2 EL
🙂	Kokosnuss, reif	1 kleine Spalte
😐	Kokosraspel	3 EL
🙂	Kürbiskerne	1 $^1/_2$ EL

in g/ml	Eiweiß in g	Fit-Fett in g	Ballaststoffe in g	GLYX-Carbs
100	24	25	4	5
15	1	0,4	0	1
125	4	2	0,5	20
200	7	4	0,6	1
200	7	4	0,2	10
125	6	3	0,3	4
125	5	3	0,4	20
15	6	3	3	0
15	2	0,1	1	0
15	7	4	0	3
15	5	2	5	0
5	1	0	**	0
5	1	0	**	0
100	20	12	**	2
100	16	9	0,6	1
100	15	15	**	2
125	17	15	**	5
Täglich 20 bis 30 Gramm stehen auf dem schlanken Speiseplan				
25	2	15	1	10
25	1	11	1	10
60	1	7	5	20
25	3	12	3	3
25	3	15	2	3
30	1	5	0	0
50	2	18	5	2
15	1	9	3	1
15	4	6	1	2

*** keine Nährstoffangaben vorhanden*

2. Stufe: Eiweißlieferanten

	Lebensmittel	Portion
🙂	Leinsamen	1 EL
🙂	Macadamianüsse	1 Hand voll ca. 10 Stück
🙂	Mandeln, süß	1 Hand voll ca. 15 Stück
🙂	Mohnsamen	1 EL
🙂	Paranüsse	1 Hand voll ca. 10 Stück
🙂	Pecannüsse	1 Hand voll ca. 10 Stück
🙂	Pinienkerne	1 EL
🙂	Pistazienkerne	1 kleine Hand voll
🙂	Sesam	1 EL
🙂	Sonnenblumenkerne, geschält	1 EL
😐	Studentenfutter mit Erdnüssen	1 kleine Hand voll
🙂	Walnüsse (Hälften)	1 kleine Hand voll ca. 10 Stück
🙂	Wasserkastanien	3 Stück
Eier		
😐	Ei, gekocht	1 Stück
☹️	Eierpfannkuchen, selbst gemacht	2 Stück
☹️	Eierpfannkuchen aus dem Shaker	2 Stück
😐	Eigelb	1 Stück
😐	Eiweiß	1 Stück
😐	Rühreier, 2 mit 5 g Fett	1 Teller
🙂	Rühreier, 2 mit 50 g Pilzen und 1 Tomate	1 Teller
😐	Rühreier, 2 mit Schinken und Käse	1 Teller
😐	Spiegeleier, 2 gebraten in 5 g Fett	1 Teller

in g/ml	Eiweiß in g	Fit-Fett in g	Ballaststoffe in g	GLYX-Carbs
15	4	6	5	0
25	1	18	4	0
25	5	14	4	1
5	1	2	1	0
25	4	17	2	1
25	2	18	2	1
15	4	8	1	1
25	4	13	3	4
10	1	5	1	1
15	3	7	1	2
30	4	8	7	15
25	4	16	2	3
30	0,4	0,1	1	4
Gesunde dürfen täglich ein oder zwei Eiweißpäckchen genießen				
60	8	7	0	0
250	22	26	3	55
250	13	12	**	70
22	4	7	0	0
38	4	0,1	0	0
125	17	18	0	0
255	17	18	2	3
185	26	25	0	1
125	17	18	0	0

** *keine Nährstoffangaben vorhanden*

2. Stufe: Eiweißlieferanten

	Lebensmittel	Portion
	Milch & Milchprodukte	
🙂	Buttermilch	1 Glas
🙂	Buttermilch mit 50 g Beeren	1 Glas
😐	Buttermilch, Fruchtzubereitung mit Zucker	1 Glas
☹	Buttermilch, Fruchtzubereitung & Süßstoff	1 Glas
😐	Crème Double	2 TL
😐	Crème fraîche (30 %)	2 TL
🙂	Dickmilch (3,5 % Fett)	1 Becher
🙂	Dickmilch (1,5 % Fett)	1 Becher
😐	Dickmilch mit Fruchtzubereitung & Zucker	1 Becher
😐	Dickmilch mit Sahne (10 %)	1 Becher
🙂	Joghurt (3,5 %)	1 Becher
🙂	Joghurt mit Früchten, selbst gemacht (2:1)	1 Schälchen
😐	Joghurt (3,5 %) mit Fruchtzubereitung & Zucker	1 Becher
🙂	Kefir (3,5 %)	1 Glas
☹	Kondensmilch gezuckert (8 %)	1 EL
😐	Milch, frisch (3,5 %), nicht homogenisiert	1 Glas
😐	Milch, entrahmt (0,1 %)	1 Glas
😐	Milch, fettarm (1,5 %)	1 Glas
☹	Milch (H-Milch), vollfett (3,5 %)	1 Glas
😐	Milch (Rohmilch, Vorzugsmilch)	1 Glas
🙂	Molke	1 Glas
☹	Molke mit Fruchtgeschmack, süß	1 Glas

in g/ml	Eiweiß in g	Fit-Fett in g	Ballaststoffe in g	GLYX-Carbs
Wer's verträgt, bitte zugreifen! Passt gut in die GLYX-Küche				
200	7	1	0	10
200	5	0,7	2	15
200	6	0,9	1	25
200	6	0,9	1	10
10	0,3	4	0	0
10	0,3	3	0	0
200	7	7	0	10
200	7	3	0	10
200	6	6	1	25
200	8	20	0	10
150	5	6	0	5
150	4	4	3	15
150	4	5	1	20
200	7	7	0	10
15	1	1	0	10
200	7	7	0	10
200	7	0,2	0	10
200	7	3	0	10
200	7	7	0	10
200	7	8	0	10
200	2	0,5	0	10
200	2	0,5	1	20

2. Stufe: Eiweißlieferanten

Lebensmittel	Portion
Probiotisches Milchgetränk, light	1 Fläschchen
Sahne (30 %)	1 EL
Saure Sahne (10 %)	1 EL
Saure Sahne, extra (18 %)	1 EL
Schmand (24 %)	1 EL
Schwedenmilch (3,5 %)	1 Glas
Tsatsiki	1/2 Becher
Käse* & Quark	**Mager hat Vortr**
Appenzeller (50 %)	1 Scheibe
Bavaria Blu (70 %)	1 Ecke
Bergkäse (45 %)	1 Scheibe
Brie (50 %)	1 Ecke
Butterkäse (30 %)	1 Scheibe
Butterkäse (60 %)	1 Scheibe
Cambozola (70 %)	1 Ecke
Camembert (30 %)	1 Ecke
Camembert (45 %)	1 Ecke
Camembert (60 %)	1 Ecke
Cheddar (50 %)	1 Scheibe
Edamer (30 %)	1 Scheibe
Edamer (45 %)	1 Scheibe
Edelpilzkäse (65–85 %)	1 Ecke
Emmentaler (45 %)	1 Scheibe
Esrom (45 %)	2 Scheiben
Feta (45 %)	1 kleines Stück
Frischkäsezubereitung, Halbfett (21 %)	1 EL
Frischkäsezubereitung, Rahmstufe (54 %)	1 EL
Frischkäsezubereitung, Doppelrahm (68 %)	1 EL

** Für alle Käse: Angabe in Fett in der Trockenmasse (F. i. Tr.)*

in g/ml	Eiweiß in g	Fit-Fett in g	Ballaststoffe in g	GLYX-Carbs
65	0,8	‹ 0,1	**	10
15	0,5	5	0	1
15	0,5	2	0	1
15	0,5	2	0	1
15	0,5	4	0	1
200	5	7	0	10
75	4	3	0,1	3
ie Hochprozentigen nur in kleinen Stücken genießen				
30	8	10	0	0
30	5	9	0	0
30	9	9	0	0
30	6	8	0	0
30	8	5	0	0
30	5	10	0	0
30	4	12	0	0
30	7	4	0	0
30	6	8	0	0
30	5	10	0	0
30	7	10	0	0
30	8	5	0	0
30	7	9	0	0
30	4	13	0	0
30	9	9	0	0
30	7	8	0	0
30	5	6	0	0
15	2	0,8	0	1
15	2	4	0	1
15	2	5	0	0

** *keine Nährstoffangaben vorhanden*

2. Stufe: Eiweißlieferanten

Lebensmittel	Portion
Gorgonzola	1 Ecke
Gouda (40 %)	1 Scheibe
Greyerzer (50 %)	1 Scheibe
Gruyère (45 %)	1 Scheibe
Käsefondue mit 100 g Brot	1 Portion
Käsepastete mit Walnüssen (50 %)	1 Scheibe
Kochkäse (10 %)	3 EL
Kochkäse (45 %)	3 EL
Kochkäse, mager	3 EL
Korbkäse, Handkäse	1 kleine Rolle
Körniger Frischkäse (Hüttenkäse)	3 EL
Leerdamer (45 %)	1 Scheibe
Limburger (20 %)	1 Ecke
Limburger (40 %)	1 Ecke
Maaslander (50 %)	1 Scheibe
Mascarpone	2 EL
Morbier (40 %)	1 Ecke
Mozzarella	$^{1}/_{2}$ Kugel
Parmesan (52 %)	1 EL
Provolone (45 %)	1 Stück
Quark (40 %)	$^{1}/_{2}$ Becher
Quark (10 %)	$^{1}/_{2}$ Becher
Quark, mager	$^{1}/_{2}$ Becher
Quark (20 %) mit Fruchtzubereitung	$^{1}/_{2}$ Becher
Quarkcreme 0,2 % Fett	$^{1}/_{4}$ Becher
Raclette (50 %)	1 Scheibe
Ricotta (20 %)	2 EL
Romadur (20 %)	1 Ecke
Romadur (50 %)	1 Ecke

in g/ml	Eiweiß in g	Fit-Fett in g	Ballaststoffe in g	GLYX-Carbs
30	6	9	0	0
30	7	7	0	0
30	9	10	0	0
30	9	10	0	0
250	48	35	2	65
30	4	8	**	1
30	5	0,2	0	1
30	4	5	0	1
30	5	0,2	0	1
30	9	0,2	0	0
30	4	1	0	1
30	8	8	0	0
30	8	3	0	0
30	7	6	0	0
30	7	9	0	0
30	1	14	0	1
30	7	7	0	0
60	11	9	0	0
10	4	3	0	0
30	8	8	0	0
125	12	13	0	4
125	15	0,3	0	5
125	17	0,3	0	5
125	6	3	1	20
125	9	0,3	0	4
30	7	8	0	0
30	3	4	0	0
30	7	3	0	0
30	6	8	0	0

*** keine Nährstoffangaben vorhanden*

2. Stufe: Eiweißlieferanten

	Lebensmittel	**Portion**
😐	Roquefort	1 Ecke
☹️	Scheibletten (20 %)	1 Scheibe
🙂	Schichtkäse (10 %)	1 EL
🙂	Schichtkäse (45 %)	1 EL
☹️	Schmelzkäse (10 %)	1 EL
☹️	Schmelzkäse (45 %)	1 EL
☹️	Schmelzkäse streichfähig (20 %)	1 EL
😐	Steppenkäse (45 %)	1 Ecke
🙂	Tilsiter (30 %)	1 Scheibe
😐	Tilsiter (45 %)	1 Scheibe
😐	Weichkäse (70 %)	1 Ecke
😐	Ziegenschnittkäse (48 %)	1 Scheibe
🙂	Ziegenweichkäse (45 %)	1 Ecke
Süßwasser- & Seefisch		
😐	Aal, geräuchert	1 Filet
😐	Aal, grün (gegart)	1 Stück
🙂	Anchovis	1 Sardellenfilet
🙂	Bachsaibling	1 Filet
😐	Bismarckhering (Konserve)	3 Stück
🙂	Bouillabaisse	1 Suppenteller
🙂	Brasse (Dorade)	1 kleine (350 g)
😐	Brathering (Konserve)	2 Stück
🙂	Bückling	1 Stück (300 g)
🙂	Fischbrühe	1 Suppenteller
🙂	Fischfrikadellen, selbst gemacht	2 Frikadellen
☹️	Fischmäc	1 Stück
☹️	Fischstäbchen paniert, gebraten	5 Stück
🙂	Flunder (Graubutt)	1 Stück (400 g)
🙂	Flussbarsch	2 Filets

Die »Portion« bekommen Sie beim Händler, »g/ml« landet im Bauch

in g/ml	Eiweiß in g	Fit-Fett in g	Ballaststoffe in g	GLYX-Carbs
30	6	9	0	0
20	4	2	0	1
15	2	0,4	0	1
15	1	2	0	1
15	3	1	0	1
15	3	4	0	0
15	3	2	0	1
30	7	8	0	0
30	9	5	0	0
30	8	8	0	0
30	4	12	0	0
30	6	8	0	0
30	6	7	0	0
Neben Gemüse das Wichtigste für die Körperzellen				
100	16	26	0	0
150	27	33	0	0
5	0,7	1	0	0
170	33	4	0	0
125	17	13	0,5	4
400	22	6	**	6
200	32	11	0	0
125	16	12	0,8	10
180	34	28	0	0
250	4	4	0,3	2
200	31	12	2	20
150	15	21	0	40
150	21	29	1	20
180	35	2	0	0
150	32	1	0	0

*** keine Nährstoffangaben vorhanden*

2. Stufe: Eiweißlieferanten

	Lebensmittel	Portion
🙂	Forelle	1 kleine (350 g)
🙂	Forelle, geräuchert	1 Filet
🙂	Hecht	1 Scheibe (350 g)
🙂	Heilbutt, weiß	1 Filet
🙂	Hering	2 Filets
😐	Heringsfilet in Tomatensoße	$^1/_2$ Konserve (200 g)
🙂	Kabeljau	1 Filet
🙂	Karpfen	1 Filet
🙂	Katfisch (Seewolf, Steinbeißer)	1 Filet
☹	Kaviarersatz	1 TL
🙂	Lachs (Salm)	1 Steak (200 g)
🙂	Lachs, geräuchert	3 Scheiben
🙂	Makrele	1 kleine (350 g)
🙂	Makrele, geräuchert	1 Filet mit Haut (120
😐	Matjeshering (Konserve, abgetropft)	3 Filets
😐	Ölsardinen (Konserve)	3 Stück
🙂	Renke	1 Stück (350 g)
😐	Rollmops	1 großer
🙂	Rotbarsch (Goldbarsch)	1 Filet
🙂	Rotbarsch, geräuchert	1 kleines Filetstück
😐	Russischer Kaviar	1 TL
🙂	Sardellenpaste	1 geh. TL
🙂	Sardinen	8 kleine (250 g)
🙂	Schellfisch	1 Kotelett (200 g)
😐	Schillerlocke	1 kleines Stück
🙂	Scholle	1 kleine (350 g)
😐	Scholle, paniert, gebraten	2–3 Filets
🙂	Schwertfisch	1 Steak
🙂	Seelachs	1 Filet

in g/ml	Eiweiß in g	Fit-Fett in g	Ballaststoffe in g	GLYX-Carbs
180	43	5	0	0
75	16	3	0	0
180	39	1	0	0
200	47	4	0	0
150	31	26	0	0
75	11	10	0,3	2
150	31	1	0	0
150	32	6	0	0
150	31	4	0	0
5	0,9	0,1	0	0
150	30	10	0	0
75	21	15	0	0
180	34	22	0	0
100	20	13	0	0
150	27	34	0	0
75	13	8	0	0
180	38	5	0	0
75	11	10	**	0
150	32	6	0	0
75	15	3	0	0
5	1	0,8	0	0
10	2	1	0	1
150	34	8	0	0
150	31	1	0	0
75	15	7	0	0
200	34	2	0	0
270	39	29	1	20
150	30	6	0	0
150	32	2	0	0

*** keine Nährstoffangaben vorhanden*

2. Stufe: Eiweißlieferanten

Lebensmittel	Portion
Seeteufel	1 Scheibe (180 g)
Seezunge	1 Filetstück
Sprotten, Kieler (Konserve)	$^{1}/_{2}$ kleiner Teller
Steinbutt (Kleist)	1 Filet
Sushi mit Reis & Lachs (Maki-Sushi)	8 Stück
Sushi (Sashimi) ohne Reis, nur Fisch	6 Stück
Teigtaschen mit Fisch gefüllt (Bio, TK)	$^{1}/_{2}$ Packung
Thunfisch	1 Scheibe
Thunfisch in eigenem Saft (Konserve)	1 kleine Dose
Tintenfisch	1 kleiner Teller
Wels	1 Filetstück
Zander (Hechtbarsch)	1 Filetstück
Muscheln & Krustentiere	**Wer gesund isst, mu**
Austern	6 Stück
Garnelen	1 kleiner Teller
Hummer (Lobster)	$^{1}/_{2}$ kleiner Hummer
Jakobsmuscheln (ohne Koralle)	4 Stück
Krabben, Nordsee	$^{1}/_{2}$ kleiner Teller
Krabben (Konserve, abgetropft)	$^{1}/_{2}$ Konserve
Krebse (Edel-, Flusskrebs)	7–8 Stück
Languste (Spiny/Rocklobster)	$^{1}/_{2}$ Schwanz
Meeresfrüchtecocktail	1 kleiner Teller
Miesmuscheln	1 Schüssel (750 g)
Venusmuscheln	1 kleine Schüssel (200 g)
Geflügel & Wild	
Ente	$^{1}/_{4}$ Stück (550 g)
Fasan	$^{1}/_{2}$ Stück (450 g)
Gans	$^{1}/_{6}$ Stück (630 g)

in g/ml	Eiweiß in g	Fit-Fett in g	Ballaststoffe in g	GLYX-Carbs
150	25	2	0	0
150	31	3	0	0
75	13	13	0	0
100	20	2	0	0
150	13	4	0,9	30
150	35	7	0	0
125	9	4	**	30
120	28	19	0	0
60	12	9	0	0
150	28	2	0	4
150	27	15	0	0
200	45	1	0	0
s Cholesterin aus Neptuns Eiweißschatzkiste nicht fürchten				
100*	9	1	0	4
100*	20	2	0	1
100*	19	0,9	0	1
120*	19	0,1	0	0
50*	9	0,7	0	0
60	11	1	0	0
100*	19	1	0	1
150*	31	3	0	2
150	15	13	0,5	3
225*	23	3	0	10
60*	7	1	0	3
Wunderbare Alternative zu rotem Fleisch				
200	53	15	0	0
200	44	10	0	0
200	47	42	0	0

** ausgelöst   ** keine Nährstoffangaben vorhanden*

2. Stufe: Eiweißlieferanten

	Lebensmittel	Portion
☹	Geflügeldöner im Brot	1 Döner
☺	Hase	1 Keule (350 g)
☺	Hirsch	2 Medaillons
😐	Huhn (Brathuhn)	$^1/_2$ Stück (600 g)
☺	Hühnerbrust ohne Haut	1 Brustfilet
😐	Hühnerbrustfilet, paniert, gebraten	1 Brustfilet
😐	Hühnerkeule mit Haut	1 Keule (250 g)
☺	Kaninchen	1 Keule (250 g)
☺	Putenbrust, ohne Haut	1 Filet oder Schnitze
☺	Putenschenkel	1 Unterschenkel (350 g)
☺	Rebhuhn	$^1/_2$ Stück (300 g)
☺	Rehkeule (Schlegel)	2 Scheiben
☺	Rehrücken	2 Scheiben
☺	Wachteln	2 Stück à 175 g
☺	Wildschwein	2 Medaillons
Fleisch		
☹	Big Mac	1 Stück
☹	Cheeseburger	1 Stück
😐	Chili con carne, Fertigprodukt	1 Teller
☹	Cordon bleu, Kalb	1 Stück
☹	Cordon bleu, Schwein	1 Stück
😐	Fleischbrühe, Instant	1 Würfel
😐	Fleisch-Extrakt	1 TL
☹	Frikadelle	2 Frikadellen
☹	Frikadelle im Brötchen & Ketchup	1 Stück
😐	Gelatine	1 Blatt
☹	Gulaschsuppe, ungarisch	1 Teller
☹	Hamburger	1 Stück

in g/ml	Eiweiß in g	Fit-Fett in g	Ballaststoffe in g	GLYX-Carbs
350	38	8	5	65
220	66	8	0	0
150	31	5	0	0
300	60	28	0	0
150	35	1	0	0
200	39	27	0,9	15
180	33	20	0	0
200	42	15	0	0
150	36	1	0	0
200	38	7	0	0
150	53	14	0	0
150	32	2	0	0
150	34	5	0	0
200	45	5	0	0
160	31	5	0	0
Mit Abwechslung und »mager« genießen				
212	26	25	3	45
117	16	13	1	30
200	16	10	**	20
240	49	22	1	20
240	54	24	2	20
5	0,8	0,2	0	1
5	2	0	0	0
150	31	9	0,7	10
130	15	5	2	35
1	0,8	0	0	0
200	7	6	**	5
105	13	9	1	30

*** keine Nährstoffangaben vorhanden*

2. Stufe: Eiweißlieferanten

Lebensmittel	Portion
Hamburger Royal	1 Stück
Innereien	1 kleiner Teller
Kalbsdöner im Brot	1 Döner
Kalbsfilet	2 Medaillons
Kalbshackfleisch	1 kleiner Teller
Kalbskeule (Schlegel)	2 Scheiben
Kalbskotelett	1 Stück (220 g)
Kalbsschnitzel	1 Stück
Königsberger Klopse	2 Stück
Lammfilet	2 Filets
Lammkeule (Schlegel)	2 Scheiben
Lammkotelett	4 einfache Koteletts
Lammlende	3 Medaillons
Ochsenschwanz	1 kleiner Teller
Rind Hochrippe (Dicke Rippe, Rostbraten)	2 Scheiben
Rinderfilet	1 Tournedo
Rindergulasch (Hals, Kamm)	1 Teller
Rinderhackfleisch	1 kleiner Teller
Rinderkeule (Schlegel)	2 Scheiben
Rinderrücken (Roastbeef)	2 Scheiben
Rinder-Tatar	1 kleiner Teller
Schaschlik	2 Spieße
Schwein, Kasseler	1 Kotelett (300 g)
Schweinebauch	2 Scheiben
Schweinebug (Schulter)	2 Scheiben
Schweinefilet	3 Medaillons
Schweinehackfleisch, fett	1 kleiner Teller
Schweinehaxe (Eisbein)	$^1/_4$ Stück

in g/ml	Eiweiß in g	Fit-Fett in g	Ballaststoffe in g	GLYX-Carbs
205	32	27	2	35
150	26	5	0	4
350	42	17	5	65
180	36	6	0	0
150	30	12	0	0
180	38	3	0	0
180	34	14	0	0
150	31	5	0	0
200	8	10	1	20
180	37	6	0	0
180	32	32	0	0
180	27	58	0	0
150	28	20	0	0
150	40	19	0	0
220	48	18	0	0
120	25	5	0	0
200	38	19	0	0
150	29	18	0	0
200	41	14	0	0
180	41	8	0	0
120	26	4	0	0
250	44	31	1	3
240	40	28	0	0
180	32	38	0	0
180	37	16	0	0
150	33	3	0	0
150	27	30	0	0
180	37	19	0	0

2. Stufe: Eiweißlieferanten

	Lebensmittel	Portion
☹	Schweinekamm	1 Scheibe
😐	Schweinekotelett	1 Stück (240 g)
☹	Schweinerückenspeck	2 Scheiben
😐	Schweineschnitzel	1 Stück
☹	Schweineschnitzel, paniert, gebraten	1 Stück
Wurst		
☹	Berliner Knacker	1 Paar
😐	Bierschinken/Schinkenpastete	2 Scheiben
☹	Blutpressack	1 dünne Scheibe
☹	Bockwurst	1 Stück
☹	Bratwürstchen	1 Paar
☹	Bratwürstchen mit Senf	1 Paar
☹	Bratwürstchen mit Brötchen & Senf	1 Paar
☹	Bratwürstchen mit Kartoffelsalat & Senf	1 Paar
☺	Bündner Fleisch/Rauchfleisch	4 Scheiben
☹	Cervelatwurst	2 Scheiben
😐	Corned Beef	2 Scheiben
☹	Curry-Bratwurst	1 Stück
☹	Currywurst mit Curryketchup & Brötchen	1 Stück
☹	Dosenwürstchen (Wiener)	1 Paar
☹	Fleischkäse (Leberkäse)	1 Scheibe
☹	Fleischwurst (Stadtwurst)	1 Stück (ca. 10 cm)
☹	Frankfurter Würstchen	1 Paar
☹	Gänseleberpastete	1 1/2 EL
☺	Geflügelwurst, mager	2 Scheiben
☹	Gelbwurst (Hirnwurst)	2 Scheiben
☹	Jagdwurst	2 Scheiben
☹	Kalbsleberwurst	1 1/2 EL
☺	Kochschinken	1 große Scheibe

in g/ml	Eiweiß in g	Fit-Fett in g	Ballaststoffe in g	GLYX-Carbs
150	25	21	0	0
200	43	10	0	0
30	1	23	0	0
180	40	3	0	0
240	44	29	1	20
Vorsicht Fettnäpfchen! Hier bitte nur Miniportionen essen				
100	13	26	0,1	0
30	6	4	0	0
30	4	8	0	0
115	18	30	0,1	0
100	17	29	0,1	0
120	17	29	0,5	1
160	20	30	2	25
270	19	33	3	15
30	11	3	0	0
30	6	10	0	0
50	12	2	0	0
150	18	38	0	0
210	21	38	1	25
100	14	28	0	0
125	22	34	0,1	0
125	18	32	0,1	0
100	19	20	0,1	0
30	7	4	0	0
30	6	3	0	0
30	3	8	0	0
30	5	6	0	0
30	5	8	0	0
30	7	1	0	0

*** keine Nährstoffangaben vorhanden*

2. Stufe: Eiweißlieferanten

Lebensmittel	Portion
Lachsschinken	3 Scheiben
Landjäger	1 kleiner
Leberpastete	$1\,^1/_2$ EL
Leberwurst	$1\,^1/_2$ EL
Mettwurst, grob	$1\,^1/_2$ EL
Mortadella	1–2 Scheiben
Mortadella, fettarm	1–2 Scheiben
Münchener Weißwurst	1 Paar
Rentierschinken, geräuchert	2 Scheiben
Rindfleischsülze	2 Scheiben
Rotwurst (Blutwurst)	2 Scheiben
Salami	5 Scheiben
Schinken, roh, mit Fettrand	3 Scheiben
Schinken, roh, ohne Fettrand	3 Scheiben
Speck, durchwachsen	1 Scheibe
Truthahnfleischpastete, mager	$1\,^1/_2$ EL
Truthahnmortadella	2 Scheiben
Wiener Würstchen	1 Paar

in g/ml	Eiweiß in g	Fit-Fett in g	Ballaststoffe in g	GLYX-Carbs
30	10	2	0	0
30	5	13	0	0
30	5	8	0	0
30	5	9	0	0
30	5	8	0	0
30	4	9	0,1	0
30	5	3	0	0
125	18	30	0,1	0
30	4	1	0	0
30	8	1	0	0
30	4	9	0	0
30	6	10	0	0
30	10	5	0	0
30	7	1	0	0
30	5	10	0	0
30	5	3	0	0
30	4	3	0	0
100	13	26	0	0

3. Stufe: Kohlenhydratlieferanten

	Lebensmittel	Portion
Müsli, Flocken & Co		
😐	Ballaststoff-Flakes	5 EL
😐	Buchweizenflakes (Bio)	5 EL
☹️	Choco Crispies	5 EL
😊	Chufas (Erdmandelflocken, Bio)	5 EL
☹️	Cornflakes	5 EL
☹️	Cornflakes, Vollkorn	5 EL
☹️	Cornflakes mit Honig und Nüssen	5 EL
😊	Frischkornbrei (30 g Getreideschrot und 120 ml Vollmilch)	1 Teller
☹️	Froot Loops	5 EL
😐	Früchtemüsli, gezuckert	3 EL
😊	Früchtemüsli ohne Zucker	3 EL
😊	Haferflocken	2 EL
😐	Haferflocken, Instant	2 EL
😊	Haferkleie mit Keim	2 EL
☹️	Honigpops	5 EL
😊	Mehrkornflocken mit Honig geröstet	2 EL
☹️	Müsli mit Schokolade, gezuckert	3 EL
☹️	Müsli, gezuckert	3 EL
😊	Müsli ohne Zucker, mit Nüssen	3 EL
☹️	Reisflakes, gezuckert	5 EL
😊	Roggenflocken	2 EL
😊	Weizenkeime	1 EL
😊	Weizenkleie	2 EL
Getreide & Mehl		
😊	Amaranth	1 EL
😊	Buchweizen	1 EL
😊	Buchweizen-Vollkornmehl	1 gehäufter EL

in g/ml	Eiweiß in g	Fit-Fett in g	Ballaststoffe in g	GLYX-Carbs
Das gesündeste Müsli mixt man selbst				
30	3	0,6	5	20
30	3	0,7	2	20
30	2	0,8	0,8	25
30	3	7	8	10
30	2	0,6	1	25
30	3	0,6	5	20
30	2	1	0,6	25
150	7	5	3	25
30	2	0,9	1	25
30	3	1	**	20
30	3	2	**	20
30	4	2	2	20
30	4	2	3	15
20	4	2	4	10
30	2	0,4	26	25
30	3	0,6	3	20
30	3	5	2	20
30	3	2	2	20
30	4	5	2	15
30	5	0,3	0,8	25
30	3	0,5	4	20
10	3	0,9	2	3
10	2	0	5	2
Körner kaufen und selbst mahlen – so haben Sie alle Vitalstoffe				
15	2	1	**	10
15	2	0,3	0,5	10
15	2	0,5	1	10

*** keine Nährstoffangaben vorhanden*

3. Stufe: Kohlenhydratlieferanten

	Lebensmittel	Portion
grün	Bulgur	4 EL
gelb	Couscous	1 EL
grün	Dinkel/Grünkern, Schrot	1 EL
grün	Dinkel/Grünkern, Vollkorn	1 EL
grün	Dinkel/Grünkern, Mehl	1 gehäufter EL
grün	Gerstenkörner	1 EL
grün	Getreidemischung, Schrot	1 EL
gelb	Graupen	1 EL
gelb	Grieß	1 gehäufter EL
gelb	Grießbrei	1 Teller
gelb	Grießklößchen	2 Stück
grün	Grünkern-Burger	1 Stück
grün	Haferbrei	1 Teller
grün	Haferkörner	1 EL
gelb	Hirsekörner	1 EL
gelb	Maisgrieß (Polenta)	1 EL
gelb	Maismehl	1 gehäufter EL
rot	Maisstärke	1 gehäufter EL
rot	Paniermehl	1 EL
grün	Quinoa	1 EL
grün	Roggenkörner	1 EL
gelb	Roggenmehl, Type 815	1 gehäufter EL
grün	Roggenmehl, Type 1150	1 gehäufter EL
grün	Roggenmehl, Type 1740	1 gehäufter EL
grün	Roggenschrot, Type 1800	1 gehäufter EL
grün	Roggenvollkornmehl	1 gehäufter EL
grün	Seitan (Weizenprotein, Fleischersatz)	1 Stück
rot	Tapiokastärke (Sago)	1 gehäufter EL
grün	Weizenkörner	1 EL

in g/ml	Eiweiß in g	Fit-Fett in g	Ballaststoffe in g	GLYX-Carbs
40	5	0,6	**	30
10	1	0,2	0,3	5
15	2	0,5	1	10
15	2	0,5	1	10
15	1	0,3	0,9	10
15	1	0,3	1	10
15	2	0,3	2	10
15	1	0,2	0,7	10
15	1	0,1	1	10
150	6	7	1	20
30	2	3	1	10
100	7	10	**	25
150	8	6	3	20
15	2	1	0,9	10
15	1	2	4	10
15	1	0,6	**	10
15	0,9	0,3	0,2	10
15	0,1	0	0,2	15
10	1	0,2	0,5	10
15	2	0,8	**	10
15	1	0,3	2	10
15	1	0,2	1	10
15	1	0,2	1	10
15	1	0,2	2	10
15	2	0,2	2	10
15	2	0,3	2	10
100	31	3	**	1
15	0,1	0	0,3	15
15	2	0,3	2	10

*** keine Nährstoffangaben vorhanden*

3. Stufe: Kohlenhydratlieferanten

Lebensmittel	Portion
Weizenmehl, Type 405	1 gehäufter EL
Weizenmehl, Type 1050	1 gehäufter EL
Weizenmehl (Vollkornmehl)	1 gehäufter EL
Weizenstärke	1 gehäufter EL
Weizenvollkornschrot, Type 1700	1 gehäufter EL
Brot & Brötchen	
Bagel	1 Stück
Baguette	2 kleine Scheiben
Baguette-Brötchen	1 Stück
Baguette-Brötchen mit Butter und Erdbeermarmelade	1 Stück
Buchweizen-Vollkornbrot	1 Scheibe
Fladenbrot, türkisches	1/8 Stück
Früchtebrot	1 Scheibe
Gerstenbrot	1 Scheibe
GLYX-Brot	1 Scheibe
Haferkleiebrot	1 Scheibe
Hamburgerbrötchen	1 Stück
Hirsebrot	1 Scheibe
Knäckebrot	2–3 Scheiben
Knäckebrot, Roggen	2–3 Scheiben
Knäckebrot, Vollkorn	2–3 Scheiben
Laugenbrezel und -brötchen	1 Stück
Leinsamenbrot	1 Scheibe
Maisfladenbrot	1/8 Stück
Mehrkornbrot, Vollkorn/Schrot	1 Scheibe
Mehrkornbrötchen	1 Stück
Milchbrötchen	1 Stück
Mischbrot (Roggen/Weizenmehl)	1 Scheibe

in g/ml	Eiweiß in g	Fit-Fett in g	Ballaststoffe in g	GLYX-Carbs
15	2	0,2	0,6	10
15	2	0,3	1	10
15	2	0,4	2	10
15	0,1	0	0,2	15
15	2	0,3	1	10
Wählen Sie »Grün« und machen Sie Brot zur kleinen Beilage				
80	7	1	**	35
40	3	0,5	1	20
60	5	0,8	2	30
105	5	17	2	45
40	4	2	**	15
50	4	0,6	2	25
70	5	8	3	35
40	2	0,3	2	20
40	3	1	**	10
40	5	1	**	20
80	2	5	3	35
40	3	2	**	20
30	2	2	2	20
30	3	0,5	4	20
30	3	0,5	4	20
60	6	1	2	35
40	5	3	3	10
50	3	0,9	1	20
40	3	0,5	3	15
60	4	0,6	3	30
45	4	1	1	25
40	2	0,4	2	20

*** keine Nährstoffangaben vorhanden*

3. Stufe: Kohlenhydratlieferanten

	Lebensmittel	Portion
🙂	Pfister Öko-Dinkel-Grünkern-Vollkornbrot	1 Scheibe
🙂	Pfister Öko-Sojabrot	1 Scheibe
🙂	Pfister Öko-Sonnenblumenbrot	1 Scheibe
🙂	Pumpernickel	1 Scheibe
🙂	Roggenbrot, Sauerteig	1 Scheibe
🙂	Roggenbrot, Vollkorn/Schrot	1 Scheibe
😐	Roggenmischbrot mit Kleie	1 Scheibe
🙂	Roggenvollkornbrötchen	1 Stück
😐	Toastbrot, Vollkorn	1 Scheibe
🙁	Toastbrot, weiß	1 Scheibe
😐	Vollkornbrötchen, wenig Schrot	1 Stück
😐	Vollkornbrot, wenig Schrot	1 Scheibe
🙂	Vollkornbrot mit Nüssen/Samen	1 Scheibe
🙁	Weißbrot	1 Scheibe
🙁	Weißbrot mit Käse	1 Scheibe
🙁	Weizenbrötchen	1 Stück
🙂	Weizenschrotbrot	1 Scheibe
🙂	Weizenschrotbrötchen	1 Stück
😐	Weizenvollkornbrot	1 Scheibe
Kartoffeln		
🙁	Back- (Ofen)kartoffel, ohne Fett	1 mittelgroße
😐	Backkartoffel, mit Thunfisch & Salat	1 Portion
🙁	Berner Rösti, selbst gemacht	1 Teller
🙁	Bratkartoffeln mit 15 g Fett	3 Stück
🙁	Bratkartoffeln, Speck und Zwiebeln	1 Teller
🙁	Gnocchi	1 Teller
🙁	Himmel und Erde (Äpfel, Kartoffeln, Blutwurst)	1 Teller

in g/ml	Eiweiß in g	Fit-Fett in g	Ballaststoffe in g	GLYX-Carbs
40	3	0,7	3	15
40	6	2	3	15
40	2	2	2	15
40	3	0,4	3	15
40	2	0,4	3	20
40	3	0,4	3	15
40	2	0,5	3	20
60	4	0,6	4	30
25	1	0,7	1	10
20	1	0,7	0,6	10
60	5	0,9	4	25
40	2	0,4	3	15
40	3	4	**	10
40	3	0,5	1	20
70	9	10	1	15
45	3	0,6	1	25
40	3	0,7	3	15
45	3	0,6	2	25
40	3	0,6	3	15
Zwei kleine Kartöffelchen passen auch auf den GLYX-Teller				
150	2	0,2	2	25
260	16	11	4	25
250	6	17	5	30
215	5	16	4	40
250	8	14	4	25
150	5	1	4	60
250	14	30	4	20

** *keine Nährstoffangaben vorhanden*

3. Stufe: Kohlenhydratlieferanten

Lebensmittel	Portion
Kartoffelkloß, roh, selbst gemacht	1 Stück
Kartoffelkroketten	8 Stück
Kartoffelpuffer	2 Stück
Kartoffelpüree, selbst gemacht	1 Teller
Kartoffelpüree, Fertigprodukt, zubereitet	1 Teller
Kartoffelstärke	1 gehäufter EL
Kartoffelsuppe, Instant	1 Teller
Knödel, halb & halb, Fertigprodukt	1 Stück
Pell-/Salzkartoffeln	2 kleine
Pell-/Salzkartoffeln aus der Mikrowelle	2 kleine
Pellkartoffeln, 2 mit 100 g Kräuterquark	1 Portion
Pommes frites, ofenfertig	1 kleine Tüte
Schupfnudeln	1 Teller
Wickelklöße (Serviettenknödel)	2–3 Scheiben
Teigwaren	
Buchweizennudeln	40 g, roh
Dinkelnudeln	40 g, roh
Eier-Teigwaren (Nudeln)	40 g, roh
Glasnudeln aus Mungbohnen	40 g, roh
Käsespätzle	1 Teller
Käsetortellini	1 Teller
Maisnudeln	40 g, roh
Nudeln, Hartweizengrieß, al dente	40 g, roh
Nudeln, Hartweizengrieß, weich gekocht	40 g, roh
Ravioli mit Fleischfüllung	1 Teller

in g/ml	Eiweiß in g	Fit-Fett in g	Ballaststoffe in g	GLYX-Carbs
100	2	2	2	10
150	6	7	3	25
200	7	14	5	35
200	5	6	3	25
200	4	6	**	25
15	0	0	0	10
200	0,9	1	2	10
90	1	0	**	20
80	1	0,1	1	15
80	1	0,1	1	15
180	11	2	1	20
80	14	17	2	35
200	10	4	4	45
100	5	5	2	20
Auch hier gibt's grüne Vertreter!				
120	10	3	6	40
120	13	2	8	25
120	5	1	2	25
120	0	0	**	15
120	13	17	1	25
120	18	13	**	25
120	2	0,7	**	35
120	8	0,6	1	35
120	8	0,6	1	35
200	6	6	0	25

*** keine Nährstoffangaben vorhanden*

3. Stufe: Kohlenhydratlieferanten

Lebensmittel	Portion
Reisnudeln	40 g, roh
Sojateigwaren	40 g, roh
Spaghetti Bolognese	1 Teller
Spätzle	40 g, roh
Spinatnudeln	40 g, roh
Vollkornnudeln	40 g, roh
Reis	
Basmati-Reis	3 EL (40 g, roh)
Jasmin-Duftreis	3 EL (40 g, roh)
Klebreis	3 EL (40 g, roh)
Langkornreis, weiß, poliert	3 EL (40 g, roh)
Milchreis mit Zucker	1 Teller
Naturreis	3 EL (40 g, roh)
Naturreis, parboiled	3 EL (40 g, roh)
Naturreis mit Wildreis	3 EL (40 g, roh)
Reis, parboiled	3 EL (40 g, roh)
Reisbrei	1 kleiner Teller
Reisflocken	2 EL
Reismehl	1 gehäufter EL
Reisstärke	1 gehäufter EL
Risotto, Rundkornreis	3 EL (40 g, roh)
Schnellkochreis (Instant)	3 EL (40 g, roh)
Wildreis	3 EL (40 g, roh)
Sonstiges	
Paella	1 Teller
Pfannkuchen	2 Stück
Pizza mit Tomaten, Käse und Salami (26 cm Ø)	1 Pizza
Pizzabaguette	1 Stück

in g/ml	Eiweiß in g	Fit-Fett in g	Ballaststoffe in g	GLYX-Carbs
120	4	4	**	25
120	7	2	5	20
200	17	11	3	25
120	7	4	1	25
120	5	1	3	30
120	7	1	6	30
Hier GLYX-niedrig wählen! Naturreis gibt's auch parboiled				
120	3	0,3	**	30
120	3	0,3	**	30
120	2	0,2	**	30
120	3	0,5	0,6	30
200	8	9	**	45
120	3	1	1	30
120	4	0,9	1	30
120	4	1	2	30
120	3	0,2	0,6	30
125	5	5	0,4	20
20	2	0,2	0,3	15
15	0,6	0,2	0,3	10
15	0,1	0	0	15
120	3	0,5	0,6	30
120	3	0,2	**	30
80	5	0,2	**	30
Vorsicht Falle: Viel Fett trifft hohen GLYX				
250	25	22	2	30
250	7	6	0,5	25
380	36	53	8	85
150	12	13	3	50

*** keine Nährstoffangaben vorhanden*

3. Stufe: Kohlenhydratlieferanten

Lebensmittel	Portion
Pizzateig für eine Pizza (26 cm Ø)	1 Stück
Quiche Lorraine	1 Stück
Schinken-Käse-Toast	1 Stück
Semmelknödel	1 Stück
Sushi, vegetarisch	8 Stück
Toast Hawaii	1 Stück
Vollkorn-Pizza mit Gemüse, selbst gemacht	1 kleine Pizza
Zwiebelkuchen	1 Stück

in g/ml	Eiweiß in g	Fit-Fett in g	Ballaststoffe in g	GLYX-Carbs
150	9	11	**	75
150	9	21	0,3	10
90	12	8	1	10
100	7	7	1	20
150	4	0	1	35
110	13	16	1	20
275	10	12	5	35
150	7	27	2	20

*** keine Nährstoffangaben vorhanden*

4. Stufe: Genussmittel

	Lebensmittel	Portion
	Süßes	
🙁	Amerikaner	1 Stück
🙁	Anisplätzchen	1 Stück
😐	Apfelkuchen, Hefeteig	1 Stück
😐	Apfelkuchen, gedeckt, Mürbeteig	1 Stück
😐	Apfelstrudel	1 Stück
🙁	Apfeltasche	1 Stück
🙁	Baiser	1 Stück
🙁	Baumkuchen	1 Stück
🙁	Bayerische Creme	4 Nocken
🙁	Berliner Pfannkuchen (Krapfen)	1 Stück
🙁	Bienenstich, Hefeteig	1 Stück
🙁	Biskuitrolle, Zitronensahne	1 Stück
🙁	Blätterteig (TK)	2 Scheiben
🙁	Bonbons (Hartkaramellen)	1 Stück
🙂	Bratapfel mit Nussfüllung, Honig	1 Stück
😐	Bratapfel mit Vanillesauce	1 Stück
🙁	Brioches ohne Füllung	1 Scheibe
🙁	Buttercremetorte, Biskuit	1 Stück
🙁	Butterkekse	6 Stück
🙁	Butterkuchen	1 Stück
🙁	Crema Catalana	1 Dessertschale
🙁	Croissant	1 Stück
🙁	Dampfnudeln (Buchteln)	1 Stück
😐	Dinkel-Schoko-Kekse	3 Stück
😐	Dinkelvollkornkekse	3 Stück
😐	Dinkelzwieback (Bio)	4 Stück
🙁	Dominosteine	1 Stück
🙁	Donut, Schoko	1 Stück

in g/ml	Eiweiß in g	Fit-Fett in g	Ballaststoffe in g	GLYX-Carbs
Fürs Glück ab und zu eine kleine Portion genießen				
100	5	8	1	50
10	1	0,4	**	5
150	5	5	3	35
150	4	11	3	45
150	4	14	3	40
80	2	12	4	25
25	1	< 0,1	0	20
70	4	17	1	30
70	2	13	**	10
60	4	8	1	25
150	9	24	3	50
120	7	18	**	30
100	4	32	2	35
5	0	0	0	5
180	6	16	5	25
180	3	3	3	25
50	4	5	**	30
150	6	29	2	45
30	2	3	0,7	25
150	9	27	4	70
150	4	6	**	20
70	5	23	2	30
110	8	12	2	50
30	2	5	1	20
30	3	6	2	20
50	6	4	**	35
12	1	2	**	10
80	4	18	3	40

*** keine Nährstoffangaben vorhanden*

4. Stufe: Genussmittel

Lebensmittel	Portion
Eclair mit Sahne	1 Stück
Eis mit vielen Früchten, 1:1	1 Becher
Eisbecher mit Früchten, Sahne und Waffel	1 Becher
Eiscreme	1 große Kugel
Eiskonfekt	6 Stück
Elisenlebkuchen	1 Stück
Erdnüsse, gesalzen	1 Hand voll
Erdnüsse im Schokomantel	12 Stück
Frankfurter Kranz	1 Stück
Fruchteis ohne Zucker	1 große Kugel
Früchte-Müsli-Riegel, gezuckert	1 Stück
Fruchtschnitte, Beeren, gezuckert	1 Stück
Geleefrüchte	5 Stück
Germknödel	1 Stück
Gewürzkuchen	1 Stück
Götterspeise, Himbeergeschmack	1 Dessertschale
Gummibärchen	6 Stück
Haferkekse	3 Stück
Halwa	1 Stück
Kaiserschmarrn	1 großer Teller
Kandierte Früchte	1 Stück
Karamell-Schoko-Riegel	1 Riegel
Käsekuchen	1 Stück
Kaugummi	1 Stück
Kekse mit Cremefüllung	4 Stück
Kokosriegel mit Schokoladenüberzug	1 Stück
Lakritze	1 Stück
Löffelbiskuits	1 Stück

in g/ml	Eiweiß in g	Fit-Fett in g	Ballaststoffe in g	GLYX-Carbs
50	3	11	0,7	15
200	3	1	3	40
200	4	22	1	55
75	2	9	0	25
60	2	17	**	15
40	3	6	2	25
25	3	12	3	5
50	8	22	4	15
70	3	17	1	20
75	3	2	1	15
25	2	2	0	20
75	2	3	**	45
25	2	0	2	20
160	11	8	3	80
70	5	11	1	35
125	2	0	**	20
14	0,1	0	0	5
25	3	5	2	10
20	0,3	0,4	0,4	15
250	16	24	2	50
50	0	0	**	30
60	2	11	**	40
150	13	21	1	40
3	0	0	0	3
25	1	5	**	15
30	1	8	**	15
10	0,4	0,1	0,2	10
5	0	0	**	4

*** keine Nährstoffangaben vorhanden*

4. Stufe: Genussmittel

Lebensmittel	Portion
Mandelmakronen	1 Stück
Marmorkuchen	1 Stück
Marshmallows	2 Stück
Marzipan (Bio oder selbst gemacht)	1 Stück
Milchkaramellen	1 Stück
Mohnkuchen	1 Stück
Mousse au chocolat (Bitterschokolade)	1 Dessertschale
Muffins mit Blaubeeren (Fast-Food)	1 Stück
Mürbteigkekse	3 Stück
Müsliriegel, gezuckert	1 Stück
Nougat	1 Riegel
Nusskrokant	1 Stück
Nusskuchen mit viel Nuss	1 Stück
Obstkuchen, Hefeteig	1 Stück
Obsttorte mit Beerenobst	1 Stück
Popcorn, süß und fettig	1 kleine Tüte
Pralinen	2 Stück
Reiswaffeln, süß	4 Stück
Rote Grütze, wenig Zucker	1 Dessertschale
Russisch Brot	5 Stück
Sahnetorte	1 Stück
Schokokuss	1 Stück
Schokolade, bitter (mind. 70 % Kakao)	1 Rippe
Schokolade, Vollmilch	2 Stück
Schokolade, Vollmilch mit 20 % Haselnüssen	2 Stück
Schokoladenkuchen	1 Stück
Schokoladenpudding	1 Dessertschale

in g/ml	Eiweiß in g	Fit-Fett in g	Ballaststoffe in g	GLYX-Carbs
10	1	2	1	4
150	9	33	2	65
15	0	0	0	10
75	5	13	4	50
10	0,3	0,5	**	10
150	11	22	7	55
150	7	14	**	30
110	4	24	**	50
30	2	6	0,5	15
25	2	5	1	10
50	3	11	3	35
20	0,5	2	0,3	15
150	13	50	6	45
150	4	5	3	40
150	3	8	1	30
40	0,8	8	0,8	30
24	0,4	8	0,6	15
20	2	1	0	15
150	0,6	0,1	0,1	20
25	2	0,2	0,4	20
120	5	25	1	30
20	1	3	**	15
20	2	9	1	5
10	1	3	0,3	5
10	1	4	**	5
150	6	27	5	60
150	5	14	**	25

** *keine Nährstoffangaben vorhanden*

4. Stufe: Genussmittel

Lebensmittel	Portion
Sesam-Honig-Riegel	1 Stück
Spekulatius	3 Stück
Vollkornkekse	3 Stück
Vollkornzwieback	4 Stück
Waffelmischung	2 Stück
Weihnachtsstollen	1 Stück
Zitronensorbet, selbst gemacht, ohne Zucker	1 große Kugel
Zwieback	4 Stück
Süßen & süße Aufstriche	
Agavendicksaft (Bio)	1 TL
Ahornsirup	1 TL
Akazienhonig	1 TL
Apfel-, Birnendicksaft	1 TL
Erdnussbutter	1 gehäufter TL
Erdnussmus	1 gehäufter TL
Fruchtaufstrich mit Honig o. Ä.	1 gehäufter TL
Fruchtzucker (Fruktose)	1 TL
Gelee (Glas)	2 TL
Honig	1 TL
Konfitüre (Glas)	2 TL
Kunsthonig (Invertzuckercreme)	1 TL
Malzzucker (Maltose)	1 TL
Melassesirup, dunkel	1 TL
Milchzucker	1 TL
Nuss-Nougat-Creme	1 gehäufter TL
Nuss-Nougat-Creme (Reformhaus)	1 gehäufter TL
Pflaumenmus	1 gehäufter TL
Süßstoff	1 Stück

in g/ml	Eiweiß in g	Fit-Fett in g	Ballaststoffe in g	GLYX-Carbs
25	4	9	**	10
30	2	6	0,5	15
30	3	6	2	15
50	8	2	3	35
50	3	20	0,4	20
100	6	22	3	45
75	0,1	0,1	0,2	5
50	5	2	2	35
Auch hier tut es gut, »Grün« zu wählen				
7	0	0	0	5
7	0	0	0	5
7	0	0	0	5
7	0	0	0	5
15	3	8	0,8	2
15	4	7	1	5
15	0	0	0	5
7	0	0	0	5
15	0	0	0,1	10
7	0	0	0	5
15	0	0	0,2	10
7	0	0	0	5
7	0	0	0	5
7	0,1	0	0,3	4
7	0	0	0	5
15	1	5	**	10
15	0,8	6	**	10
15	0,2	0	0,4	5
1	0,9	0	0	0

*** keine Nährstoffangaben vorhanden*

4. Stufe: Genussmittel

	Lebensmittel	Portion
🙁	Traubenzucker (Glukose)	1 TL
🙁	Vanillinzucker	1 TL
😐	Vollrohrzucker	1 TL
🙁	Zucker, braun (Rohrzucker)	1 TL
🙁	Zucker, weiß	1 TL
Knabbereien		
😐	Amaranth-Popcorn	1 kleine Tüte
😐	Dinkelstangen	5 Stück
🙁	Erdnussflips	1/3 Tüte
🙁	Graham-Kräcker	4 Stück
🙁	Kartoffelchips	1/3 Tüte
🙁	Maischips (Nachos)	1 kleine Tüte
😐	Popcorn, salzig, wenig Fett	1/2 kleine Tüte
🙁	Puffreis	3 Stück
🙁	Reiscracker	5 Stück
🙁	Reiswaffeln mit Salz	4 Stück
🙁	Salzstangen	33 Stück
Würzen & Saucen		
🙂	Apfelessig	1 EL
🙂	Apfelessig naturtrüb mit Honig	1 EL
🙂	Bäckerhefe, gepresst	1 Stück
😐	Bäckerhefe, getrocknet	1 Tütchen
😐	Backpulver	1 Tütchen
🙂	Balsamico	1 EL
🙁	Barbecuesoße (Glas)	1 EL
🙁	Béchamelsoße	1 EL
😐	Branntweinessig 10 % Säure	1 EL
🙁	Bratensauce, Pulver (Dose)	1 TL
🙂	Chilisoße mit Tomaten, selbst gemacht	1 EL

in g/ml	Eiweiß in g	Fit-Fett in g	Ballaststoffe in g	GLYX-Carbs
7	0	0	0	5
7	0	0	0	5
7	0	0	0	5
7	0	0	0	5
7	0	0	0	5
Am besten wirklich nur dran knabbern				
40	6	4	**	20
25	4	4	**	15
50	5	17	2	20
25	3	0,8	1	20
50	3	19	1	20
40	3	10	**	25
40	4	2	6	25
40	3	0,9	0,8	35
25	2	0,8	**	20
20	2	1	**	15
30	3	1	1	25
Schon gewusst? Essig senkt den GLYX der ganzen Mahlzeit				
10	0,1	0	0	0
10	0	0	**	1
42	5	0,2	3	1
8	3	0,1	2	3
16	0,1	0	0	5
10	0,1	0	**	3
15	0,3	0	0,3	5
15	0,5	0,8	0	1
10	0	0	0	1
7	0,9	0,2	0	1
15	1	0,8	0,6	3

*** keine Nährstoffangaben vorhanden*

4. Stufe: Genussmittel

Lebensmittel	Portion
Curryketchup	1 EL
Grüne Sauce, selbst gemacht	1 EL
Italian-Dressing (Essig-Olivenöl)	1 EL
Joghurt-Dressing, selbst gemacht	1 EL
Karamellsauce	1 EL
Knoblauch-Grillsoße (Glas)	1 EL
Maggi	1 Spritzer
Mayonnaise, 80 % Fett	1 EL
Mayonnaise, selbst gemacht (Olivenöl)	1 EL
Meerrettich (Glas)	1 TL
Paprikamark	1 TL
Sahne-Meerrettich	1 TL
Sambal Oelek	1 Spritzer
Sanddorn-Fruchtsoße	1 EL
Senf, mittelscharf	1 EL
Senf, süß	1 EL
Tomatenketchup (Bio)	1 EL
Tomatenketchup	1 EL
Tomatenkonzentrat	1 TL
Tomatenmark	1 TL
Worcestersoße	1 Spritzer
Tierische Fette	
Butter (Süß- und Sauerrahm)	1 EL
Butter halbfett	1 EL
Butter mit Kräutern	1 EL
Butterschmalz	1 EL
Gänseschmalz	1 EL
Schweineschmalz	1 EL

in g/ml	Eiweiß in g	Fit-Fett in g	Ballaststoffe in g	GLYX-Carbs
10	0,1	0	**	1
15	0,8	3	0,9	1
10	0,1	2	0,2	1
10	0,2	2	0	1
10	0,3	0,3	0	2
10	0,2	2	0	1
1	0,1	0	0	0
20	0,4	17	0	0
20	0,4	17	0	0
7	0,1	0,7	0	1
7	0,1	0,7	**	2
7	0,1	2	**	1
1	0,1	0	0	0
10	0,1	0,2	**	5
15	0,9	0,3	0,3	1
15	0,9	0,4	**	2
10	0,2	0	0,2	2
10	0,2	0	0,1	3
7	0,5	0	0,1	1
7	0,3	0	0,2	1
1	0	0	0	0
Bitte nur hauchdünn aufstreichen				
15	0	13	0	0
15	0,6	6	0	1
15	0,6	9	**	1
10	0	10	0	0
10	0	10	0	0
10	0	10	0	0

*** keine Nährstoffangaben vorhanden*

Extra: Getränke

Lebensmittel	Portion
Alkoholfreie Getränke	
Acerolasaft	1 Glas
ACE-Saft (Bio)	1 Glas
Ananassaft	1 Glas
Apfelessig-Trunk mit naturtrübem Apfelsaft	1 Glas
Apfelsaft, klar, ungesüßt	1 Glas
Apfelsaft, naturtrüb	1 Glas
Apfelsaftschorle (1:3)	1 Glas
Aprikosennektar	1 Glas
Bananennektar	1 Glas
Birnensaft	1 Glas
Bitterlimonade	1 Glas
Brause mit Fruchtgeschmack	1 Glas
Brennnesselsaft	1 Glas
Colamixgetränke	1 Glas
Direktsaft (Orange, Grapefruit)	1 Glas
Eiskaffee	1 Glas
Eistee mit Zucker	1 Glas
Eistee mit Süßstoff	1 Glas
Eistee, selbst gemacht, mit 1 TL Honig	1 Glas
Energydrink	1 Dose
Espresso ohne Zucker	1 Espressotasse
Filterkaffee mit Milch und Zucker	1 Tasse
Filterkaffee ohne Zucker	1 Tasse
Fruchtsaft, frisch gepresst	1 Glas
Fruchtsaftgetränk, gezuckert	1 Glas
Fruchtsaftschorle (1:3)	1 Glas
Gemüsesaft, gemischt (Flasche)	1 Glas

in g/ml	Eiweiß in g	Fit-Fett in g	Ballaststoffe in g	GLYX-Carbs
Hier fließt manchmal ganz schön viel aufs Carb-Konto				
200	0,4	0,4	0,6	10
200	1	1	**	20
200	0,8	0,2	0,2	25
200	0,2	0	0	20
200	0,4	0,2	0	20
200	0,4	0,5	**	20
200	0	0	0	5
200	0,8	0,2	0,4	20
200	0,5	0,1	0	25
200	0,9	0	0	25
200	0	0	0	15
200	0	0	0	20
200	6	0	**	0
200	0	0	0	20
200	1	0,3	0,3	15
200	5	44	0,3	15
200	0	0	**	15
200	0,2	0	0	5
200	0,9	0,4	2	5
250	0	0	0	40
60	0	0	0	0
150	0,4	0,4	0	3
150	0,3	0	0	0
200	0,4	0,6	0,1	15
200	0	0	0	25
200	0	0	0	5
250	1	0,2	1	15

*** keine Nährstoffangaben vorhanden*

Extra: Getränke

Lebensmittel	Portion
Gemüsesaft (nicht Rote-Beten- und Möhrensaft)	1 Glas
Grapefruitsaft	1 Glas
Grapefruitsaft, frisch gepresst	1 Glas
Haferdrink	1 Glas
Kakao aus Wasser und 30 g Kakaopulver, gezuckert	1 Glas
Kakaogetränk mit Wasser, ungezuckert	1 Glas
Kakaotrunk (Magermilch, ungezuckert)	1 Glas
Kakaotrunk (3,5 % Fett, gezuckert)	1 Glas
Karottensaft, frisch gepresst	1 Glas
Limonaden- und Colagetränke	1 Glas
Malzbier (Malztrunk)	1 Flasche
Malzkaffee (Getreidekaffee)	1 Tasse
Mineralwasser	1 Glas
Multi-Vitamin-Nektar, gezuckert	1 Glas
Multi-Vitamin-Nektar mit Süßstoff	1 Glas
Orangensaft	1 Glas
Orangensaft, frisch gepresst	1 Glas
Pflaumentrunk	1 Glas
Reismilch (Bio)	1 Glas
Rote-Beten-Saft	1 Glas
Sanddornbeerensaft	1 Glas
Sauerkrautsaft	1 Glas
Sojadrink, natur	1 Glas
Sojadrink mit Frucht (Bio)	1 Glas
Spinatsaft	1 Glas

in g/ml	Eiweiß in g	Fit-Fett in g	Ballaststoffe in g	GLYX-Carbs
200	1	0,2	1	10
200	1	0,2	0,1	15
200	1	0,2	0,2	15
200	2	3	2	15
200	2	2	2	25
200	2	2	2	2
200	7	1	**	20
200	7	7	2	40
200	1	0	**	10
200	0	0	0	20
330	2	0	0	35
150	0	0	0	1
200	0	0	0	0
200	0	0	0	25
200	0	0	**	10
200	2	0,2	0,4	20
200	2	0,3	0,4	20
200	1	0,2	**	40
200	0,2	2	0	20
200	3	0	1	20
200	3	12	0	15
200	2	0	0,7	1
200	7	4	0,6	1
200	7	4	0,2	10
200	4	0,5	0,5	1

*** keine Nährstoffangaben vorhanden*

Extra: Getränke

Lebensmittel	Portion
Sportgetränke (Isotonische Drinks)	1 Glas
Tee, Früchte	1 Tasse
Tee, Kräuter	1 Tasse
Tee, schwarz und grün	1 Tasse
Tomatensaft (Flasche)	1 Glas
Traubensaft	1 Glas
Zichorienkaffee	1 Tasse
Zitronensaft	1 Stamperl
Alkoholische Getränke	
Alkoholfreies Schankbier	1 Flasche
Altbier, dunkles (Maltose)	1 Flasche
Bier mit Limonade	1 Flasche
Bitterlikör/Kräuterlikör	1 Stamperl
Bloody Mary	1 Glas
Bowle/Punsch	1 Glas
Caipirinha	1 Glas
Champagner	1 Sektglas
Dessertweine	1 Sektglas
Eierlikör	1 Stamperl
Exportbier, hell (Maltose)	1 Flasche
Federweißer	1 Glas
Gin	1 Stamperl
Glühwein	1 Haferl
Klare Schnäpse (38 %)	1 Stamperl
Liköre (30 %)	1 Stamperl
Most (Apfelwein), trocken	1 Glas
Obstwein	1 Glas
Pils	1 Flasche
Roséwein	1 Glas

in g/ml	Eiweiß in g	Fit-Fett in g	Ballaststoffe in g	GLYX-Carbs
200	0,1	0,1	0	25
150	0	0	0	0
150	0	0	0	0
150	0,1	0	0	0
200	2	0,3	1	4
200	1	0,2	0	30
150	0,2	0	0	1
20	0,1	0,1	0	4
Ein Gläschen Bier oder Wein schadet nicht – mehr schon				
330	2	0	0	20
330	2	0	0	10
330	0,8	0	0	15
20	0	0	0	3
200	2	0,2	0,4	5
200	0,4	0	0,9	35
200	0,4	2	0,8	10
100	0	0	0	1
100	0	0	0	15
20	0,9	0,9	0	5
330	2	0	0	10
200	0,1	0	0,4	25
20	0	0	0	0
200	0,3	0	0,1	30
20	0	0	0	0
20	0	0	0	5
200	0	0	0,1	5
200	0	0	0	15
330	2	0	0	10
200	0,1	0	0	4

Extra: Getränke

	Lebensmittel	Portion
😐	Rotwein, trocken	1 Glas
😐	Sekt, trocken	1 Glas
☹	Sherry, trocken	1 Stamperl
🙂	Virgin Mary (ohne Alkohol)	1 Glas
☹	Wein halbtrocken	1 Glas
☹	Weißwein lieblich	1 Glas
😐	Weißwein trocken	1 Glas
🙂	Weißweinschorle	1 Glas
☹	Weizenvollbier	1 Flasche
☹	Whisky	1 Stamperl
☹	Wodka	1 Stamperl

Der Glyx von Alkohol geht gegen null und wird in der Regel nicht gemessen. Die Maltose im Bier, der Zucker in süßen Weinen und Cocktails erhöhen aber den Blutzucker.

in g/ml	Eiweiß in g	Fit-Fett in g	Ballaststoffe in g	GLYX-Carbs
200	0,3	0	0	5
100	0,2	0	0	4
20	0	0	0	0
200	2	0,2	0,5	5
200	0,1	0	0	5
200	0,2	0	0	10
200	0,2	0	0	1
200	0,2	0	0	0
330	1	0	0	10
20	0	0	0	0
20	0	0	0	0

GLYX, GL UND KOHLENHYDRATE

Auf der folgenden Seite beginnt nun die Tabelle mit den GLYX- und GL-Zahlen für die »Genauwissenwoller«. Die GLYX-Werte sind in Fünferschritten gerundet, da der Wert in Studien oft variiert.

- »Grenzwertige« Werte (um 55, um 70) haben wir nach Schlank-&-gesund-Gesichtspunkten in die untere oder obere GLYX-Stufe integriert.
- Der GLYX von Lebensmitteln mit wenigen Kohlenhydraten muss nicht gemessen werden, weil er automatisch »grün« ist. Zudem machen Wissenschaftler sich nicht die Arbeit jede Beere, jeden Saft zu messen. Deshalb tauchen hier natürlich viel weniger Werte auf.
- Wir arbeiten lieber mit GLYX und Carbs als mit dem GL. Denn Carbs – also Kohlenhydrate – stehen auf jedem Etikett. Und ein grüner GL-Wert sagt leider nicht immer etwas über die Gesundheit aus.

Für GLYX gilt:

- **Grün** – niedriger GLYX bis 54
- **Gelb** – mittlerer GLYX 55 bis 69
- **Rot** – hoher GLYX über 70

Für GL gilt

- **Grün** – niedriger GL bis 10
- **Gelb** – mittlerer GL bis 19
- **Rot** – hoher GL über 20

GL-Experten empfehlen Abnehmwilligen, unter 80 pro Tag zu bleiben.

Die Formel zur Berechnung des GL lautet:
GLYX x Kohlenhydrate pro Portion : 100

Lebensmittel	in g	GLYX	GL	KH
Süße und saure Früchte				
Ananas	125	65	11	17
Apfel	100	40	4	11
Apfel, getrocknet	25	30	5	15
Aprikose	50	60	3	5
Aprikose, getrocknet	25	30	4	13
Banane, etwas grün	100	40	8	21
Banane, reif	100	60	13	21
Birne	100	40	5	12
Birne (Glas) mit Süßstoff	200	25	4	16
Datteln, getrocknet	25	105	18	17
Erdbeeren	250	40	6	15
Feige, getrocknet	40	60	14	24
Grapefruit	250	25	6	23
Honigmelone	125	65	10	16
Kaktusfeige	125	5	1	9
Kirschen, sauer	125	20	3	14
Kirschen, süß	125	65	10	16
Kiwi	100	55	6	11
Mango	125	55	9	16
Obstcocktail (Konserve, gesüßt)	125	65	21	33
Orange	150	45	6	14
Papaya	125	60	2	3
Pfirsich	125	40	4	11
Pflaumen	100	40	4	10
Pflaumen, getrocknet	25	30	4	14
Rosinen	15	65	7	10
Wassermelone	125	75	8	10
Weintrauben, blau	125	60	13	21

GLYX in Zahlen

Lebensmittel	in g	GLYX	GL	KH
Weintrauben, grün	125	45	9	20
Gemüse				
Gazpacho	250	40	2	5
Kohlrübe (Steckrübe)	150	70	4	6
Kürbis	200	75	8	10
Mais (Konserve, abgetropft)	100	55	8	15
Maniok (Cassava)	200	45	29	64
Möhren (Karotten), gegart	150	60	7	12
Möhren (Karotten), roh	150	15	2	12
Pastinaken	200	95	4	4
Rote Bete (Konserve, abgetropft)	150	65	6	9
Süßkartoffel (Batate)	150	60	22	36
Yamswurzel	150	40	13	33
Hülsenfrüchte, Sprossen & Nüsse				
Bohnen, gebacken in Tomatensauce	125	50	9	18
Bohnenkerne, weiß (Konserve)	125	30	6	21
Cashewnüsse	25	20	2	8
Erbsen grün (TK), gegart	125	50	8	15
Erdnüsse	25	15	0	3
Hülsenfruchtgerichte, Eintöpfe & Suppen (Konserven)	400	65	16	24
Kichererbsen (Konserve)	125	40	7	18
Kichererbsen, getrocknet, gegart	120	25	4	17
Kidney-Bohnen (Konserve)	125	50	6	11
Kidney-Bohnen, gegart	120	30	3	11
Limabohnen, gegart	120	30	4	14
Linsen (Konserve)	125	50	8	15
Linsen, gegart	120	30	8	25
Mungbohnen, gegart	120	35	5	15

GLYX in Zahlen

Lebensmittel	in g	GLYX	GL	KH
Mungbohnensprossen	30	25	0	1
Saubohnen, gegart	125	80	13	16
Sojabohnen, gegart	120	20	2	10
Sojaprodukte				
Misosuppe mit 3 EL weißem Reis	200	60	12	20
Sojadrink mit Frucht (Bio)	200	30	3	10
Sojajoghurt, Waldfrüchte	125	50	10	19
Milch & Milchprodukte				
Kondensmilch gezuckert (8 %)	15	60	5	8
Milch, entrahmt (0,1 %)	200	30	3	10
Milch (H-Milch), (3,5 %)	200	25	3	10
Probiotisches Milchgetränk, light	65	45	4	8
Schwedenmilch (3,5 %)	200	10	1	10
Süßwasser- & Seefisch				
Fischstäbchen paniert, gebraten	150	40	8	20
Sushi mit Reis und Fisch	150	55	17	30
Müsli & Flocken				
Ballaststoff-Flakes	30	40	8	20
Buchweizen	15	55	6	11
Bulgur	40	50	15	29
Choco Crispies	30	80	22	27
Cornflakes	30	80	20	25
Cornflakes, Vollkorn	30	75	15	20
Cornflakes mit Honig und Nüssen	30	70	18	25
Couscous	10	65	4	6
Frischkornbrei	150	55	13	24
Froot Loops	30	70	17	25
Früchtemüsli, gezuckert	30	65	12	19
Gerstenkörner	15	35	4	10

Lebensmittel	in g	GLYX	GL	KH
Graupen	15	26	3	11
Grieß	15	55	6	10
Haferbrei	150	60	14	23
Haferflocken	30	55	10	19
Haferflocken, Instant	30	70	12	17
Hirse	15	70	7	10
Maisgrieß (Polenta)	15	70	8	11
Reisflakes, gezuckert	30	70	16	23
Roggenkörner	15	35	3	9
Tapiokastärke (Sago)	15	80	10	13
Weizenkörner	15	40	4	9
Brot & Brötchen				
Bagel	80	70	26	37
Baguette	40	95	19	20
Baguette-Brötchen mit Butter und Erdbeermarmelade	105	60	28	47
Buchweizen-Vollkornbrot	40	45	8	17
Fladenbrot, türkisches	50	65	16	24
Früchtebrot	70	45	17	37
Gerstenbrot	40	25	5	18
GLYX-Brot	40	40	4	10
Haferkleiebrot	40	45	8	18
Hirsebrot	40	105	20	19
Knäckebrot, Roggen	30	65	12	19
Knäckebrot, Vollkorn	30	60	12	20
Laugenbrezel und -brötchen	60	85	29	34
Leinsamenbrot	40	55	6	11
Maisfladenbrot	50	70	15	21
Mehrkornbrot, Vollkorn/Schrot	40	50	8	16

GLYX in Zahlen

Lebensmittel	in g	GLYX	GL	KH
Milchbrötchen	45	65	15	23
Mischbrot (Roggen-/Weizenmehl)	40	65	12	18
Pumpernickel	40	45	7	15
Roggenbrot mit Sauerteig	40	55	10	18
Roggenbrot, Vollkorn/Schrot	40	50	8	15
Toastbrot, weiß	20	75	8	10
Vollkornbrot	40	65	10	15
Vollkornbrot mit Nüssen/Samen	40	55	7	12
Weißbrot	40	70	13	19
Weißbrot mit magerem Käse	70	55	9	16
Weizenbrötchen	45	75	17	23
Weizenschrotbrot (z. B. Grahambrot)	40	50	8	16
Weizenvollkornbrot	40	60	10	16
Kartoffeln				
Back- (Ofen)kartoffel, ohne Fett	150	80	20	25
Gnocchi	150	70	41	59
Kartoffelpüree, selbst gemacht	200	75	18	24
Pell-/Salzkartoffeln	80	60	8	14
Pell-/Salzkartoffeln aus der Mikrowelle	80	80	11	14
Pommes frites, ofenfertig	80	75	26	35
Teigwaren				
Buchweizennudeln, gegart	120	45	18	40
Eiernudeln, gegart	120	45	11	25
Eierpfannkuchen aus dem Shaker	250	70	49	70
Glasnudeln aus Mungbohnen, gegart	120	33	5	15
Käsetortellini	120	50	10	20
Maisnudeln, gegart	120	80	27	33

GLYX in Zahlen

Lebensmittel	in g	GLYX	GL	KH
Nudeln, Hartweizengrieß, al dente	120	45	16	36
Nudeln, Hartweizengrieß, weich gekocht	120	60	22	36
Pizza mit Tomaten und Käse (26 cm Ø)	380	60	49	81
Ravioli mit Fleischfüllung	200	40	9	23
Reisnudeln, gegart	120	65	16	25
Sojateigwaren, gegart	120	45	9	20
Spaghetti Bolognese	200	50	13	27
Vollkornnudeln, gegart	120	35	11	31
Reis				
Basmati-Reis, gegart	120	60	18	30
Jasminreis, gegart	120	110	33	30
Klebreis, gegart	120	90	29	32
Langkornreis, weiß, poliert, gegart	120	65	20	30
Naturreis, gegart	120	55	15	28
Naturreis mit Wildreis, gegart	120	55	17	30
Reis, parboiled, gegart	120	45	14	32
Reisstärke	15	70	9	13
Risotto (Rundkornreis), gegart	120	70	22	31
Wildreis, gegart	80	55	16	29
Süßes				
Butterkekse	25	65	10	15
Croissant	70	65	20	31
Donut, Schoko	78	75	29	38
Eiscreme	75	60	14	23
Erdnüsse im Schokomantel	50	35	5	14
Früchte-Müsli-Riegel, gezuckert	25	60	12	20
Fruchtschnitte, Beeren, gezuckert	75	75	35	47
Haferkekse	25	60	7	11

GLYX in Zahlen

Lebensmittel	in g	GLYX	GL	KH
Karamell-Schoko-Riegel	60	70	29	42
Kekse mit Cremefüllung	25	65	11	17
Mousse au chocolat (Bitterschokolade)	150	35	11	32
Muffins mit Blaubeeren	110	60	29	48
Mürbteigkekse	30	60	10	16
Müsliriegel, gezuckert	25	60	7	11
Popcorn, süß	40	90	26	29
Schokolade, bitter, (mind. 70 % Kakao)	20	20	1	5
Schokolade, Vollmilch	10	50	3	5
Schokoladenpudding	150	45	12	26
Waffelmischung	50	75	16	21
Süßen & süße Aufstriche				
Agavendicksaft (Bio)	7	10	0	5
Ahornsirup	7	55	3	5
Akazienhonig	7	30	1	5
Fruchtzucker (Fruktose)	7	20	1	7
Honig	7	50	2	5
Konfitüre (Glas)	15	55	6	10
Kunsthonig (Invertzuckercreme)	7	65	4	6
Malzzucker (Maltose)	7	110	8	7
Nuss-Nougat-Creme	15	30	3	10
Traubenzucker (Glukose)	7	100	7	7
Zucker, weiß	7	70	5	7
Knabbereien				
Graham-Kräcker	25	70	13	19
Kartoffelchips	50	55	11	20
Maischips (Nachos)	40	75	20	26

GLYX in Zahlen

Lebensmittel	in g	GLYX	GL	KH
Popcorn, salzig	40	55	15	27
Reiscracker	25	90	17	19
Reiswaffeln mit Salz	20	75	11	15
Alkoholfreie Getränke				
Ananassaft	200	45	11	24
Apfelsaft, klar, ungesüßt	200	45	10	22
Apfelsaft, naturtrüb	200	35	8	22
Gemüsesaft, gemischt (Flasche)	250	45	7	15
Grapefruitsaft	200	45	8	17
Kakao aus Wasser und 30 g Kakaopulver, gezuckert	200	60	15	25
Karottensaft	200	45	5	12
Limonaden- und Colagetränke	200	70	14	20
Orangensaft (Flasche)	200	50	10	20
Sportgetränke (Isotonische Drinks)	200	80	20	25
Tomatensaft (Flasche)	200	35	1	4

Der GLYX von Alkohol geht gegen null und wird in der Regel nicht gemessen. Die Maltose im Bier, der Zucker in süßen Weinen und Cocktails erhöhen aber den Blutzucker.

Frisch gepresste Säfte haben einen niedrigen GLYX.

Zum Nachschlagen

Bücher, Software und Infos online

Brand-Miller, Jennie: The New Glucose Revolution. Marlowe & Company, USA

Elmadfa, Ibrahim/Aign, Waltraute/Muskat, Erich/ Fritzsche, Doris: Die große GU Nährwert-Kalorien-Tabelle 2004/05. Gräfe und Unzer Verlag, München

Grillparzer, Marion: Die GLYX-Box. GLYX-Diät. GLYX-Diät – Das Kochbuch. GLYX-Kompass. GLYX-Diät für Berufstätige. GLYX-Backbuch. LowCarb, die neue gute-Laune-Diät. Alle Gräfe und Unzer Verlag, München

Heseker, Beate und Helmut: Nährstoffe in Lebensmitteln. Die Große Energie- und Nährwerttabelle. Umschau Buchverlag, Frankfurt a. Main

Kalorien mundgerecht. Umschau, Heidelberg

Kluthe, Bertil: Prodi 5.0. Software für Ernährungs- und Diätberatung. Wissenschaftliche Verlagsgesellschaft, Stuttgart

Souci, Siegfried W./u. a.: Der kleine Souci-Fachmann-Kraut. Lebensmitteltabelle für die Praxis. Wissenschaftliche Verlagsgesellschaft, Stuttgart

www.glycemicindex.com
www.daskochrezept.de
www.fitnesswelt.de
www.die-glyx-diaet.de (Forum zum GLYX-Austausch)

Zum Bestellen: Trampolin, Getreidemühle & Co

Sie suchen Dinge, die das Leben leichter machen? Dazu gehören Trampolin, Pulsuhr, Körperfettwaage, ein Mixer, eine Flockenquetsche und eine Getreidemühle. Fidolino liefert all das nach Hause.
Zum Beispiel das Fatburner-Trimilin (167 EUR) von Heymans oder die GLYX-Mühle (229 EUR) von Komo – beides speziell für die Autorin entwickelt.
Bestellung und Information unter:
www.fidolino.com
E-Mail info@ fidolino.com
Tel. 0 81 21/47 88 16
Fax 0 81 21/47 88 17

Register der Lebensmittel

Q

R

S

SACHREGISTER

Impressum

Dank
Für die Mithilfe bei der Sisyphusarbeit an den Tabellen möchte ich den beiden Ökotrophologinnen Martina Kittler und Daniela Wierer danken, ebenso Dr. Stephan Sepp und Nina Basovic für ihre unermüdliche Geduld beim Denken, Wiegen und Fischhändler befragen. Mein besonderer Dank gilt meinem Mann Wolf für seine Geduld mit mir – und für die GLYX-niedrig-Streicheleinheiten, die er mir immer wieder an den Computer stellt.

Programmleitung: Doris Birk
Redaktion: Cora Wetzstein
Lektorat: Petra Teetz
Gestaltung: independent Medien-Design GmbH, München
Produktion: Gloria Pall
Fotos: Studio L'EVEQUE
Tanja & Harry Bischof (Styling & Fotografie)
Satz: Filmsatz Schröter GmbH, München
Druck und Bindung: Ludwig Auer GmbH, Donauwörth
Syndication: www.jalag-syndication.de

ISBN 978-3-7742-8828-7

6. Auflage 2011

GRÄFE UND UNZER

Ein Unternehmen der
GANSKE VERLAGSGRUPPE